改訂にあたって（本マニュアルの使い方）

　平成27年5月に近代消防社から出版した「**高齢者福祉施設の夜間火災時の防火・避難マニュアル～特別養護老人ホームを例として～**」（初版本）の在庫がついになくなり、施設関係者や消防関係者から「何とか手に入るようにならないか」という声が聞こえて来ました。10年の間に、口コミで少しずつ売れていったのだと思います。著者一同、「類書がない貴重な本だったのだ」と改めて気づかされるとともに、大変嬉しく思いました。

　近代消防社に増刷について相談したところ、「10年経って必要な手直しもかなりあるので、改訂版として出版したい。」ということでした。

　著者グループとしては、統計データなどを最新のものにすることは控えることにしましたが、平成30年3月30日付け消防予第258号「**自力避難困難な者が利用する施設における一時待避場所への水平避難訓練マニュアルについて（以下「258号通知」という。）**」という消防庁予防課長通知は、本書の記述に大きく関係しますので、考え方や記述を整合させる必要があるということになりました。

　ここで、高齢者福祉施設の避難に対する考え方の推移を少し詳しく解説して、改訂版としての本マニュアルの使い方などについて改めて整理しておきたいと思います。

36号通知

　消防庁から初めて出されたこの種のマニュアルは、「**社会福祉施設及び病院における夜間の防火管理体制指導マニュアルについて（平成元年3月31日消防予第36号消防庁予防課長通知。以下「36号通知」という。）**」です。この通知は、東京都東村山市の特別養護老人ホーム松寿園の火災（昭和62年6月、死者17名）の後に出されたもので、当時多かった鉄筋コンクリート造2～3階建て、多くはバルコニー付き、スプリンクラー設備は延面積1,000㎡以上のものに設置、収容人員数十人以上、夜間の宿直職員数人以上、という、今から見ると比較的大規模なもの（主として特別養護老人ホーム）を対象に考えられたものです。

　このような施設でも、火煙が拡大して危険な状態になるまでの間（限界時間内）に、寝たきりの方を含む入居者全員を安全な地上に避難させることは極めて難しいので、まず火災室内部の入居者を避難させ、火災室の廊下側の戸を閉めたあと、限界時間内に火災となった防火区画から隣接区画（防火戸の向こう側）又はバルコニーに入居者全員を避難させる、隣接区画に避難させた入居者は、その後、別に定める限界時間内に安全な地上まで避難させる、という考え方でした。

　258号通知でも、このような規模・態様の施設については、この36号通知に従って指導するよう求めています。

本マニュアル

　平成12年に介護保険法が施行されると、高齢者福祉施設の態様が一気に多様化し、施設の小規模化も進みました。そんな中で、長崎市大村市の認知症高齢者グループホーム「やすらぎの里」の火災（平成18年1月、死者7名）を皮切りに、スプリンクラー設備が設置されていない小規模

I

な高齢者福祉施設で、数人以上の死者を伴う火災が立て続けに起き、消防法令の規制強化も順次進みました。

　日本防火技術者協会では、平成20年に高齢者福祉施設の火災対策に関する研究会を立ち上げ、この種の施設で夜間に火災が発生した場合に施設職員はどのように行動すべきか、どのような防火安全対策を講じておくべきか、などについて、防火・消火・避難の専門家の立場から研究を始めました。その後、全国の施設を見学させて頂いたり、施設関係者や消防関係者とディスカッションしたりしながら、方法論をとりまとめて、平成27年に**本マニュアル**を出版しました。

　方法論を検討している間に、この種の施設については、スプリンクラー設備の設置基準が延面積1000㎡以上から275㎡以上へ（平成19年6月）、さらに面積要件の撤廃（平成25年12月）へと強化されました。また、消火器、自動火災報知設備及び火災通報装置の設置基準も面積要件が撤廃（平成19年6月）され、さらに自動火災報知設備の作動と連動して火災通報装置を作動させることが義務化される（平成25年12月）など、消防法令の規制は格段に強化されました。一方で、建築基準法令はそのままだったため、小規模施設になるほど、建築防火に関する規制は相対的に緩くなるということにもなりました。

　本マニュアルは、そのような防火法令の実態を前提に、施設が多様化し小規模化し、宿直職員も減少している中で、**36号通知**の考え方をベースにしつつ、新たな考え方を提示しようとするものでした。

　具体的には、小規模な施設でも、スプリンクラー設備が作動し、自動火災報知設備の作動と連動して自動的に消防通報が行われて数分後には消防隊が駆けつけてくれるようになったことを前提に、施設職員はどう行動すべきか、ということになります。その結論は、安全な地上への避難は消防隊に期待し、施設職員は、なるべく早く火煙を閉じ込めて、避難限界時間内に、消防隊が救助活動を行いやすく一定の安全性が確保できる場所（できれば避難上有効なバルコニー）に、全員を水平避難させるというものでした。

　この考え方は、後述するように258号通知と全く同様なのですが、当時としてはかなり過激に思えたため、全国的に消防機関の同意が得られるか確信が持てず、恐る恐る提案する形になり、当時の多くの消防機関の「常識」に配慮した控え目な記述になった部分もあります。

258号通知

　平成30年になると、消防庁から**258号通知**が出されました。その考え方は本マニュアルと全く同様ですが、対象は、「避難上有効なバルコニー等又は防火区画が設置されていないもの」となっており、そのような施設でどうやって一時的に安全な空間（**一時待避場所**（火災時に一時的に待避することが可能な屋内の場所））を作るかという点にも力点が置かれたものになっています。

改訂にあたって整理したこと

　本マニュアルでは、消防隊の活動開始まで入居者が一時的に避難できる空間を「**一時避難場所**」という呼び方に統一しました。「**一時避難場所**」は、「**避難上有効なバルコニー**」と258号通知で言う「**一時待避場所**」を合わせた概念になります。

258号通知の場合、待避完了までの目標時間を廊下が煙で活動不能になる前にする必要があるため、消防庁の従来の考え方から少し厳しくなっています。本マニュアルは、避難上有効なバルコニーが設置されているものを優先して考えていますので、「**目標避難時間**」と「**避難限界時間**」という用語もその概念も、元のままとしました。

また、自動通報が行われることを前提として「通報」行為を省略して良いとするかどうかは悩ましいところでしたが、258号通知では、人手が足りない場合は通報行為を省略してよいと言い切っていますので、本マニュアルでもそれに合わせて書き方を整理しています。

本マニュアルの使い方

本マニュアルには、258号通知で用いている水平避難戦略の考え方の背景が分かりやすく書かれており、さらに258号通知にはない、FIG（ファイアイメージゲーム）の具体的な実施方法、実訓練の細かな実施方法や留意点、訓練終了後の改善の方法なども書かれています。

従って、本マニュアルは、以下のように使っていただけるとよいと考えています。

① 避難上有効なバルコニーも適切な防火区画も設置されていない施設の場合は、原則として258号通知に基づいて訓練や施設の整備を行い、本マニュアルは、考え方の整理やFIGの実施、訓練の準備や事後の改善等に活用する。

② 避難上有効なバルコニーか適切な防火区画が設置されている施設の場合は、本マニュアルに基づいて訓練や施設の整備を行う。

③ 本マニュアルを用いて②の訓練を行ったときに、避難上有効なバルコニー等が十分設置されていないために入居者全員を「避難限界時間」内に当該バルコニー等に避難させることができなかった場合には、258号通知に基づいて適当な位置に「一時待避場所」を設定し、バルコニー避難を優先させつつ、補助的に「一時待避場所」を用いた訓練を行う。

本マニュアルをこのように使っていただき、高齢者福祉施設の防火安全の向上に役立てていただけるなら、著者一同、うれしい限りです。

（文責 小林恭一）

ごあいさつ

　特定非営利活動法人日本防火技術者協会（英文名称：Non-Profit Organization Japan Association of Fire Protection Engineers、略称ＪＡＦＰＥ、平成15年9月東京都知事認可）では、「防火技術者と市民の協働によって広く市民防災の立場で社会貢献すること」の一環として平成20年から「高齢者施設における夜間火災による死傷者の低減」を目的として実践的な教育啓発活動を行ってきました。この活動は平成26年日本建築学会教育賞〔教育貢献〕の受賞という形で結実しました。本書は、その受賞を記念し、活動の成果を高齢者福祉施設の防火対策と避難訓練マニュアルの形で出版したものです。

　この教育・啓発の活動チームは、ボランティア活動による目的達成型横断的な集まりで、建築火災安全を実現するのに関与する多面的な専門知識と見識をもつ60歳以上の活力のあるシルバー世代が主メンバーで、一部の若い人たちの協力を得て、身近な自分の問題として真摯に活動を進めてきたものです。

　具体的には、毎月1回定期的に合計60回程度の老人福祉施設・学校教育施設の避難安全性に関する研究会を開催して、施設の実態や訓練の見学、関係者との直接の対話、アンケートなどで見出された課題を検討し、関係者がどのような課題に直面しているか、何を欲しているのかに関する情報を集め、分析しました。その結果、地上への避難は消防隊に期待することとして、廊下側の扉を閉めて火煙の拡大を防止しつつ火災階（火災が発生している階を「火災階」と言う。）と同一階の安全な場所に避難することを基本とした戦略が有効であるとの共通認識のもと、以下の3つのマニュアルを、特に夜間の火災に対する関係者の不安解消の一助となればとの趣旨でまとめました。

①　知識を高め夜間避難の基本戦略を立案するための「夜間火災時の防火・避難マニュアル」
②　目的を明確にした行動力を鍛える「実行動訓練マニュアル」
③　知識を知恵とし、施設の弱点を見つけ克服するための「火災図上演習（ＦＩＧ：Fire Image Game）マニュアル」

　本書は、6章と付録で構成しました。

　第1章では、高齢者福祉施設の防火安全に関する現状と課題を整理し、第2章ではそれらの課題を踏まえ、本研究会で提案する考え方を整理するとともに、上記3つのマニュアルの関係と使い方について述べました。第3章から第5章は、それぞれのマニュアル本体です。

　本書は比較的安全策が充実している特別養護老人ホームを念頭に置いて解説しておりますので、本書の考え方をそれぞれの施設に適用しようとすると、疑問に思うことが出てくる筈です。

　そのような場合には、火災対策の基本に戻って考える必要があるため、より詳しい解説を第6章に掲載しました。

　さらに、付録として第3章から第5章に紹介したチェックリスト類や計画立案などに際しての表、各種チャートなどの例をまとめましたので、各施設の実情に合わせてご利用ください。

謝辞

　活動を推進するにあたって、東京都社会福祉協議会をはじめとした各地の社会福祉協議会や自治体消防本部の協力を得て防火研修会や出前講座の開催を行いました。ご協力いただいた関係者の方たちにこの場を借りてお礼申し上げます。また、東京理科大学のグローバルＣＯＥの活動の一環として東京神楽坂の森戸記念館で防火研修会を実施できたことにも謝意を表します。さらに2011年度からは笹川科学研究助成や鹿島学術振興財団研究助成などを受けました。その結果、それまで東京近辺にとどまっていた防火研修会や出前講座を、関西（枚方市・神戸市）、九州（熊本市）、北海道（札幌市・小樽市）などに広げることができ、異なる地域特性の施設の実情を知り、幅広いご意見を承ることができました。あわせて謝意を表します。

（研究会主査　佐藤博臣）

特定非営利活動法人日本防火技術者協会
老人福祉施設・学校教育施設の避難安全性に関する研究会メンバー一覧（2014年12月現在）

氏　　　名	所　　　　　　　属
青木　　浩	東京消防庁荻窪署長
青木　義次	一般社団法人　建築研究振興協会　会長（東京工業大学名誉教授）
宇山　幸逸	日本消防コンサルティング株式会社　代表・行政書士
＊大西　一嘉	神戸大学大学院工学研究科・建築学専攻　准教授
笠原　　勲	株式会社　音・環境研究所　所長
＊栗岡　　均	日本消防検定協会　虎ノ門事務所　技術参与
＊小林　恭一	東京理科大学　総合研究機構・研究センター部　教授
＊佐藤　博臣	ビューローベリタスジャパン株式会社　建築評定部アプレザルコミッティ
関澤　　愛	東京理科大学　総合研究機構・研究センター部　教授
建部　謙治	愛知工業大学　工学部・建築学科　教授
＊富松　太基	株式会社　日本設計　技術センター
仲谷　一郎	財団法人　建材試験センター　副本部長
＊堀田　博文	株式会社　防災コンサルタンツ　代表取締役
村井　裕樹	日本福祉大学　健康科学部福祉工学科　准教授
＊山村　太一	モリタ宮田工業株式会社　生産統括本部技術部　設備開発課

＊本冊子作成に携わったメンバー

　なお、ＪＡＦＰＥでは、現在、68名のＪＡＦＰＥ防火技術者を認定しています（P.60参照）。本書の内容に不明な点があったり防火指導などが必要な場合は、ＪＡＦＰＥ事務局（http://www.jafpe.or.jp/）またはＪＡＦＰＥ防火技術者にお問い合わせ願います。

高齢者福祉施設の夜間火災時の防火・避難マニュアル
〔第二版〕

―特別養護老人ホームを例として―

目　次

ごあいさつ　1

第1章　高齢者福祉施設の火災安全に係わる課題　6

第2章　高齢者福祉施設の防火安全基本戦略

2.1　夜間避難の基本戦略　8
2.2　本書の考え方　9
2.3　3つのマニュアルの提案　10
2.3.1　使用に当たっての前提条件　10
2.3.2　夜間火災時の防火・避難マニュアル（第3章）　10
2.3.3　実行動訓練マニュアル（第4章）　10
2.3.4　火災図上演習（ＦＩＧ：Fire Image Game）マニュアル（第5章）　11
2.3.5　3つのマニュアルの相互関係　12
2.4　施設の特性に応じた防火安全対策を考えるには　13

第3章　夜間火災時の防火・避難マニュアル

3.1　高齢者福祉施設の火災危険要因の把握　14
3.2　事前準備と日頃の心構え　14
3.2.1　施設関係者の防火研修会への参加と活用　15
3.2.2　夜間の適切な対応行動の把握　15
3.2.3　建物の防火設備の設置目的を知ることが大切　15
3.2.4　施設の防火対策の確認　15
3.2.5　入居者の行動・判断能力の確認　16
3.2.6　居室からの目標避難時間の算出　17
3.2.7　施設内連絡手段を検討　18
3.2.8　救出・消火・火災の閉じ込め・排煙等の行動と連係訓練　18
3.3　高齢者福祉施設の防火のための仕組み　19
3.4　高齢者福祉施設の火災危険要因を軽減するための戦略　20

3.4.1　防火・避難計画を作成する際に考えるべきこと　20

3.4.2　防火・避難マニュアルを利用するにあたっての条件　21

3.5　防火・避難マニュアル（夜間火災発生時における行動）　21

3.6　マニュアルの解説　22

3.6.1　火災対応上の基本的な考え方　22

3.6.2　火災発生時における各フェーズでの対応行動の解説　25

第4章　実行動訓練マニュアル

4.1　訓練の必要性（「臨機応変」は可能か？）　35

4.2　部分訓練と全体訓練　36

4.3　訓練計画の作成　38

4.3.1　行動の基本方針の徹底　38

4.3.2　訓練の目的と評価尺度を明確にする　38

4.3.3　訓練計画の策定に際して検討すべき要素　39

4.3.4　年間計画の立案　39

4.4　全体訓練の訓練項目　40

4.5　訓練の準備　41

4.6　全体訓練実施の具体例　42

4.7　訓練終了後　45

第5章　火災図上演習（ＦＩＧ：Fire Image Game）マニュアル

5.1　本マニュアルの適用範囲　46

5.2　火災図上演習（ＦＩＧ）に際して、念頭に置くべき事柄　47

5.3　火災図上演習（ＦＩＧ）の際に準備すべきもの　47

5.3.1　グループ分けと机の配置　47

5.3.2　ファシリテーターの指名　48

5.3.3　平面図と周辺地図の準備　48

5.3.4　ＦＩＧキット（模型など）の準備　49

5.3.5　時間チャートの準備　50

5.4　火災図上演習（ＦＩＧ）の進め方と記録の保存　50

5.4.1　グループ人数とファシリテーター　50

5.4.2　役割分担　50

5.4.3　条件の設定と時間チャートへの記入　52

5.4.4　図上演習の実施（模型の移動と施設の弱点の発見）　53

5.4.5　議事録・活動記録の作成　55

5.5　火災図上演習（ＦＩＧ）の検討結果の検証　56

5.5.1　実地確認（検討内容の確認）　56

5.5.2　訓練結果の施設内への展開　58

5.6　演習の効果　59

第6章　より深い知識を求めている方のために

6.1　高齢者福祉施設の現状　61

6.1.1　高齢者福祉施設の多様化と増加傾向　61

6.1.2　居室と廊下について　63

6.2　高齢者福祉施設を取り巻く火災安全上の課題　64

6.3　高齢者福祉施設の火災の実態　66

6.4　統計から見た高齢者福祉施設の火災の特徴　69

6.4.1　福祉施設の火災件数と死者数　69

6.4.2　分析した火災報告データ　70

6.4.3　通報時間　70

6.4.4　焼損面積ごとの火災件数　71

6.4.5　昼夜別に見た火災被害　71

6.4.6　訓練実施状況と火災被害との関係　73

6.4.7　初期消火手段別件数と消火効果　76

6.5　訓練を始めるにあたって　77

6.5.1　施設関係者の防火研修会への参加と活用　78

6.5.2　夜間の適切な対応行動の把握　78

6.5.3　建物の防火設備の設置目的を知ることが大切　78

6.5.4　居室からの目標避難時間の算出　79

6.5.5　火災時の行動と連係訓練　80

6.6　訓練のあとで　81

6.6.1　訓練結果の評価と改善　81

6.6.2　訓練結果の評価手順　81

6.6.3　評価要領　82

6.6.4　訓練チェックシートでの施設の独自性の確認　82

6.6.5　被災後の対応準備　83

6.7　高齢者福祉施設の建築と設備の解説　84

6.7.1　建築について　84

6.7.2　設備について　87

6.7.3　その他の注意事項　94

付録　96

第1章　高齢者福祉施設の火災安全に係わる課題

　近年、高齢者福祉施設の増加に伴い、これらの施設での夜間の火災事故が目立つようになった。
　これらの施設は、特に夜間において、介護職員数に比べて避難時に介護を必要とする避難行動要支援者（以下「入居者」という）の数が圧倒的に多いため、万が一火災が発生すると他の用途の建築物に比べて大惨事につながりやすい防火上の弱点を持っている。
　特別養護老人ホーム等の施設の利用実態や避難訓練の状況を見学し、施設関係者の声を聞いていくと、施設によっては年間数十回に及ぶ訓練を行っているにもかかわらず施設の職員は不安を抱えていたり、反対に、根拠もなく妙に自信を持っていたりすることがわかってきた。
　ちなみに、東京都での防火研修会アンケートでは、「火災時の施設の入居者の避難に不安を感じていますか？」の質問（回答者数75施設）に対して、図1.1に示すように「感じている」が88％、「感じていない」がわずか12％であった。不安を感じている主な原因としては、「夜間は著しく職員が手薄になる」と「入居者に認知症や自力避難できない人がいる」が挙げられた。

図1.1　高齢者福祉施設職員が火災時の避難に不安を感じている原因（アンケート結果）

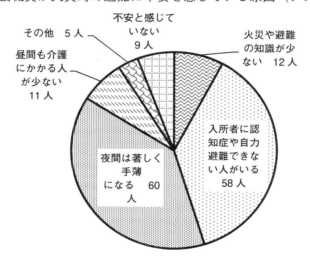

　高齢者福祉施設は、近年、小規模施設にまで、スプリンクラー設備、自動火災報知設備、それと連動して消防機関に自動的に通報する装置などの設置が義務づけられ、火災安全性は大きく向上している。職員がそれらの設備の役割や効果を知り、自分の施設の実態を把握して適切な対応計画を作り、訓練によって身につければ、施設の防火安全性は飛躍的に向上し、職員の不安も少なくなる。

本書は、以上のような考えから、関係職員の声と専門家の知識の対話・融合によって以下に整理した課題を踏まえ、施設の防火安全性の向上に加えて、特に職員の不安を解消することを意図して作成した。

① 施設の運営実態にそぐわない訓練が行われている

　入居者の避難能力が日々低下することや施設職員が頻繁に入れ替わることなどの実態に火災時の対応行動の方針や訓練方法が合っていない。

② 施設の各種防火対策の役割などを理解していない

　施設職員が防火・防災設備の機能や役割をよく知らない。また、設計者の設計意図が施設職員に十分伝わっていない。特に、消防計画の中に建築防火対策としての排煙設備の使用と扉の閉鎖など区画化の意図が十分に反映されていない。

③ 施設の防火上の弱点を把握していない

　施設の防火上の弱点を、施設管理者が把握し、適切な改善につなげる仕組みが構築されていない。特に、手薄な夜間介護体制を補完する対策の立案・実施が遅れている。

④ 火災を正しく理解するための教材・ガイドブックがない

　施設固有の消防計画立案の重要性の認識に欠ける施設が多いが、それらを改善するための火災を正しく理解し必要な情報を入手するための教材・ガイドブックがない。

第2章　高齢者福祉施設の防火安全基本戦略

2.1　夜間避難の基本戦略

　高齢者福祉施設で夜間に火災が発生した場合、火災が拡大して危険な状態になるまでの限られた時間内に、限られた職員で、その何倍もの数の自力避難が困難な入居者全員を、階段を使って安全な地上まで避難させることは、事実上不可能である。

　このため、本書では、地上までの避難は消防隊の救出活動に期待することとし、避難させるべきと判断した入居者全員を、①「消防隊による救出までの間、比較的安全で消防隊が救出しやすい場所に待避させる」とともに、②「火煙が拡大して危険になるまでの時間をできるだけ延ばす」、という戦略を推奨している。

　要するに、本書は施設の実態に最も適した日常の準備や訓練シナリオを職員の創意工夫によって作り出すためのガイドマニュアルである。

　そのための方法論は、概ね以下のとおりである。

①　迅速な消防機関への通報

　火災の発生を知ったら、できる限り早く消防機関に通報する。通報すれば、通常6～8分（消防署等との位置関係で決まる）で消防隊が到着する。それまでの間は、入居者が全員無事に救出されるよう、施設の実態特性に応じて最も適していると考えるシナリオに沿った活動を行う。なお、自動的に消防機関に通報する火災通報装置が設置されている場合、人手が不足しているなら通報を行わないこともできる。

②　無理のない初期消火の実施

　火災を見つけたらまず消火器で消火を試みるのが基本である。これで消火出来れば、その後は後始末をするだけで済む。

　消火出来なかった場合、夜間で人員が少なければ、屋内消火栓又は補助散水栓などによりさらなる消火活動を行うより、火災室（火災の発生している部屋（居室や共同生活室））の廊下など**（注）**に面した扉を閉めて火災を閉じ込め、火煙の拡大を防ぐ方に人員を割く方がよい。スプリンクラー等が設置されていれば、ほとんどの場合、この段階の前後に自動的に散水され、火災は消火されるか鎮圧状態になる　**（P.93参照）**。

（注）廊下など

　本書においては、入居者の夜間における私的な生活（主として就寝）の場を「居室」として表示した。あわせて、居室の出入り口が面するものは、廊下や共用室などであったり、共同生活室の場合もあるが、表記の煩雑さをさけるために、「廊下など」として示した　**（P.63、6.1.2参照）**。

③ 消火が無理な場合は夜勤の介護職員全員で最寄の安全な場所への水平避難を行う

　万一初期消火できないと、廊下などはいずれ火煙で危険な状態になるので、廊下などを使った避難はできるだけ早く切り上げ、廊下などに面する扉を閉めた居室などに入居者を一時待避させる。このとき、排煙窓などを開けて煙が廊下などに充満するのを遅らせるとよい。

　バルコニー（注）に避難できる居室などの場合は、居室の廊下などに面する開口部を閉めて火煙の浸入を防ぐとともに、バルコニー側の扉を解錠して外から救出しやすくし、その状態で入居者を一時待機させる。その後、火災室の両隣の部屋や向かい側の部屋など、危険な居室から順に入居者をバルコニーに避難させる。消防機関への通報が適切になされていれば、多くの場合この頃には消防隊が到着する。

　バルコニーに避難できない居室の入居者は、バルコニーに避難できる居室か、消防隊が救出活動を行いやすい階段直近で煙が浸入しにくい構造の部屋など消防隊が到着するまで安全に退避できる空間（一時待避場所）に避難させ、消防隊到着までそこで待機させる（P.85参照）。

　基本戦略は以上であるが、火災を閉じ込められない室や廊下などで火災が発生する場合などもあるので、さらなる戦略も必要である。これについては、マニュアルで詳しく述べる。

（注）バルコニー

　ベランダとは外に張り出した縁のことで、屋根のあるもの。バルコニーとは室外に張り出した屋根のない手すり付きの台。テラスとは建物の一階から突き出して作ってある床のこと。本書ではバルコニー以外にベランダやテラスなどを含めて人が移動できる外部空間を総称する。

　避難に利用するには全周バルコニーが望ましいが、階段室との接合状況やバルコニー内の居室間の隔て板の設置状況、消防自動車の寄りつきが可能か等の状況によっても避難時に一時避難場所として利用可能か異なってくるので注意が必要である。

2.2　本書の考え方

　第1章で高齢者福祉施設の課題を整理したが、既存建築物の場合、建築・設備などハード面で必要な対策を強化・改修することは、費用面などからなかなか難しい。夜間の人員を増やすのも同様である。一方で、各施設には、法令や消防機関の指導などにより、既に様々な防火安全対策が講ぜられており、法令改正により新たに設置された防火設備もある。

　そこで本書では、自分の施設の建築的な特性や夜間の職員配置を前提に、火災の特性と火煙の挙動を踏まえ、既に設置されている施設や設備を有効に活用した最適な対応行動を立案して訓練で身につけることにより、2.1で示した基本戦略を実現するのが第一、という考え方をとることとした。

2.3　3つのマニュアルの提案

　本書では、各施設が2.1の基本戦略に基づく対応行動を実施できるようにするため、
① 夜間火災時の防火・避難マニュアル（第3章）
② 実行動訓練マニュアル（第4章）
③ 火災図上演習（FIG：Fire Image Game）マニュアル（第5章）
という3つのマニュアルを用意した。

図2.1　三つのマニュアルの位置づけ（自施設の「実行動訓練マニュアル」作成手順）

・自施設の防火上の弱点・利点がわからない。 ・自施設の「実行動訓練マニュアル」が作れない。 ・消防計画との整合性はどうすれば良いのか？	先ずは、表2.1の条件を元に標準的な施設用の「実行動訓練マニュアル」により、必要な訓練項目を理解する。 「火災図上演習マニュアル」を参考に、自施設の演習を何度も試みる。 自施設の安全の目標値の達成状況から、自施設の防火上の利点・弱点を理解し、自施設の「実行動訓練マニュアル」を作成し、必要に応じて消防計画に反映させる。

2.3.1　使用に当たっての前提条件

　①と②を使用する場合の前提条件は**表2.1**のとおりである。通常の特別養護老人ホームは、概ねこの条件を満たしている。ただし、③に関しては、これらの条件に関係なく様々な施設に利用できる。

2.3.2　夜間火災時の防火・避難マニュアル（第3章）

　「**夜間火災時の防火・避難マニュアル**」は、2.1で示した夜間避難の基本戦略をもとに、通常の特別養護老人ホームを念頭におき、火災時の火煙の挙動特性、様々な防火関係施設や設備の役割の解説、及びそれらを踏まえて火災時の対応行動を計画するための具体的な方法などを示したものであり、施設・防火管理者だけではなく、一般の職員が防火関係の知識を高めるのに役立つことも意図している。

2.3.3　実行動訓練マニュアル（第4章）

　①の「夜間火災時の防火・避難マニュアル」を読んだだけでは、基本戦略に基づいて自分の施設に合った訓練計画を作成することは難しいため、本書では、典型的な特別養護老人ホームを念頭に標準的な火災時の対応行動を考え、それに即した標準的な訓練計画を「**実行動訓練マニュアル**」として作成した。本マニュアルは、訓練計画を作成する施設管理者や防火管理者に読んでいただくことを念頭に置いて書かれている。「実行動…」としたのは、③の「火災図上演習（FIG：Fire Image Game）マニュアル」と区別するためである。

第2章　高齢者福祉施設の防火安全基本戦略

表2.1　マニュアルを使用する場合の前提条件

建物の構造	ＲＣ（鉄筋コンクリート）造の独立した建築物である（同一建築物内にデイケア、ショートステイのための部屋が併置されている場合を含む）。
内装不燃化	天井及び壁の屋内に面する部分は不燃材料又は準不燃材料など燃えにくい材料で作られている。
水平避難対策	階段を使わずに避難できるよう、すべての居室に直接避難可能なバルコニーが設置されている。そうでない場合は、すべての階に消防隊が到着するまで安全に待避できる「屋内待避空間」が消防隊が救出活動しやすい場所に準備されている。
防火・防煙対策	各居室の廊下側開口部と階段室には必要に応じて閉鎖できる扉が設置されている。
排煙対策	廊下には排煙設備、排煙口、窓など排煙上有効な施設が設置されている。
自動消火対策	スプリンクラー設備（水道連結型スプリンクラー設備またはパッケージ型自動消火設備を含む）が設置されている。
自動火災感知と初期消火	自動火災報知設備と消火器が設置されている。
消防機関への通報	自動火災報知設備に連動、かつワンタッチで消防機関に火災発生を通報できる「消防機関へ通報する火災報知設備（火災通報装置）」が設置されている。

　各施設では、まずこの典型例を参考に自分の施設に合った火災時の対応行動や訓練計画を作成し、実際に訓練を行ってみることをお勧めする。

　また、上記の標準的な訓練を、実施の目的や評価の基準を明確にしないで、また各自の施設と標準型が想定している施設の前提条件との乖離を検証することなしに単純に実施するだけでは十分でない。

　そこで、**第4章**後段では、訓練の目的や評価の方法についても言及している。目的や評価のポイントを明確にすることで、訓練に参加した関係者にとって、個人としてまた組織としての課題が明確になり、そこで見出した課題をどのように解決することが出来るか検討する機会が出来る。

2.3.4　火災図上演習（ＦＩＧ：Fire Image Game）マニュアル（**第5章**）

　上記の標準的な火災対応行動や訓練計画は、それぞれの施設の建築特性、防火避難施設の状況、職員の勤務状況や配置、入居者の特性などの実態や想定されるさまざまな火災シナリオを反映しているわけではない。

　そこで本書では、「**火災図上演習（ＦＩＧ：Fire Image Game)**」を、標準的な火災対応行動や訓練計画から自分の施設に合った対応行動や計画にステップアップしていくためのツールとして提案した。

　このツールを活用することで、夜間の少人数の体制で、目標とする避難時間以内に何が出来るか、どのような限界があるのかなど共通の認識をもって、自分たちの問題として検証し、火災対応行動や訓練計画を改善していくことが可能となる。

　各施設では、状況設定を変えながら適宜このＦＩＧを実施し、気づいた問題点や解決策を**第4**

章に示した実行動訓練計画の改善につなげていけば、防火安全性の向上に極めて有効である。

本マニュアルは、施設管理者や防火管理者だけでなく、実際に夜間に勤務する職員の方達にも読んでいただき、機会をとらえてゲーム的にＦＩＧを実践していただくことを期待して書かれている。

以上のように、これらの３つのマニュアルはそれぞれ異なる読者をイメージして、ある程度独立して読むこともできるようにとの意図で作成しているため、あえて内容的には重複した部分もある。

2.3.5 ３つのマニュアルの相互関係

以上の３つのマニュアルの相互関係を本冊子が提案する訓練の行い方と関係する項目を併せて、図2.2に示す。

図2.2 本冊子が提案する訓練の行い方

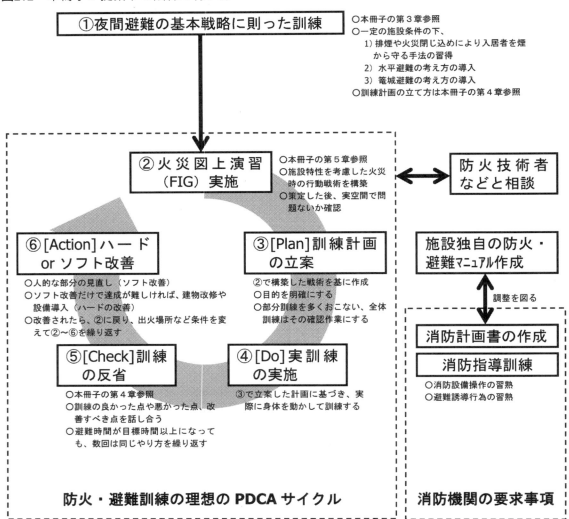

第2章　高齢者福祉施設の防火安全基本戦略

　第3章で示した標準型の訓練シナリオに基づいた訓練を行うだけでそれぞれの施設固有の防火安全上の問題が解消することは少ないため、本研究会では、図に示したPDCAサイクル（注）を回して、夜間介護職員の不安を軽減するための各施設固有の対策を見出し、解決していくことを期待している。

（注）PDCAサイクル

　関係者がFIGを行って実行動訓練で判明した課題の解決策を考えるとともに、その課程で新たな問題を発見し解決策を考える。そうして考えた新たな行動戦術を基に実行動訓練計画を修正し、再び訓練を行ってみて実状にあっているか検証する。ここでさらなる問題が判明すればFIGに戻り、再度、行動戦術を構築する。この繰り返しを、ここでは一種のPDCA（Plan-Do-Check-Action）サイクルととらえている。

　なお、このPDCAサイクルを何度回しても人的な対応（職員の配置や動線を変える、または現場に駆け付ける職員数を増やす等）だけで解決できないなら、建物改修や設備導入を検討せざるをえない場合もある。

2.4　施設の特性に応じた防火安全対策を考えるには

　介護保険法が制定され、高齢者福祉施設は規模、運営形態、建築形態などが急速に多様化しつつある。このため、本書で念頭に置いた特別養護老人ホーム又はその類似施設とは異なるタイプの施設が増えており、「2.3.1　使用に当たっての前提条件」が成立しない施設も多い。

　そのような施設では、本書のマニュアルをそのまま用いることは出来ないので、第6章などを参考に、どの部分が異なるのかを検証し、異なる部分に対する対策を加味した独自の戦略や訓練方法を考えることが必要となる。このとき、建築設計者から施設の防災設計意図を確認するとともに、近隣住民なども含め、多様な関係者の意見を聞くことが有効である。

　防火管理者としての事前準備や日頃の心構えは、施設の用途や規模に係わらず共通する。

　火災時の避難安全に関係するソフト（入居者の介護度や職員の交替を含む人的な対応）面やハード（建築・設備）面の状況は、季節や天候、時間帯、施設の経年変化等により、常に変化している。

　このため、職員が夜間火災発生時に少人数で正しい判断と迅速・効果的な対応行動を行えるようにするためには、防火管理者は、適切な計画を作成するだけでなく、ソフト・ハード両面について、チェックリストなどを活用して定期的に確認し、その結果を反映して適宜火災時の対応の基本方針を更新し、その情報を全職員に周知して共有することが望まれる。また、職員が頻繁に入れ替わるなどの実態がある場合には、演習、教育・訓練の年間実施計画と個々の職員の参加記録を作成し、明示しておくことが必要である。

第3章　夜間火災時の防火・避難マニュアル

3.1　高齢者福祉施設の火災危険要因の把握

　高齢者福祉施設の防火・避難安全性を検討するには、まず、自分の施設の防火・避難上の弱点を把握する必要がある。

　火災危険要因は、施設の種類や建築的な形態、入居者の特性などによって異なるので、本来は施設のタイプごとのマニュアルが望ましいが、本マニュアルでは単純化するために１つのマニュアルにまとめている。このため、単純化したマニュアルを補完する目的で、**第６章（P.66、6.3参照）**に、主だった高齢者福祉施設のタイプ別の火災危険要因について記載した。自分の施設の火災時の対応計画を作成する際には、ここで示した火災危険要因を参考に、自施設の防火・避難上の弱点を確認して自施設に適したものとなるよう努めて頂きたい。　本マニュアルは、特別養護老人ホームの火災対応について、以下を踏襲して作成した。

　特別養護老人ホームは、老人福祉法（昭和38年法律第133号）第17条第１項の規定に基づく、「特別養護老人ホームの設備及び運営に関する基準（平成24年３月30日厚生労働省令第53号）」にしたがって運営されている。また、建築物に関する規制や消防設備に関するハード面の規制は建築基準法や消防法に従うことになっている。

　特別養護老人ホームは、個室や複数の方が入居する室から成る従来型施設と、平成15年に創設された複数の居室と共同生活室で構成され「その人らしさを大事にした」ユニット型施設に大別される。

3.2　事前準備と日頃の心構え

　火災時の安全性に関係するソフト面やハード面の状況は、時の経過に従って変化していく。

　このため、施設職員が夜間火災発生時に少人数で正しい判断と迅速・効果的な避難介護行動を行えるようにするためには、防火管理者は、適切な防火・避難計画を作成するだけでなく、上記のソフト・ハード両面について、チェックリストなどを活用して定期的に確認し、その結果を反映して適宜火災時の対応の基本方針を更新し、その情報を全職員に周知して共有することが望ましい（**図3.1参照**）。

　以下に主だった検討項目および注意点を記載する。

図3.1　各フェーズにおける管理者と職員の役割分担

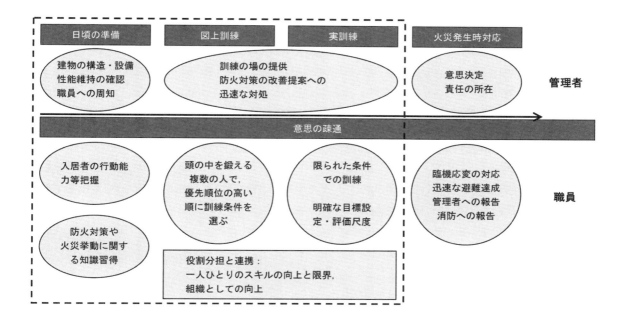

3.2.1　施設関係者の防火研修会への参加と活用

施設管理者や防火管理者は、火災安全に関する知識を習得するために、本人を含めて介護職員とともに防火研修会や出前講座などに積極的に参加することが望ましい。施設管理者は職員がそのような研修の場に参加することを積極的に促すとともに、聴講した結果は、未参加者にも周知する機会を設けることが望ましい。

3.2.2　夜間の適切な対応行動の把握

夜間など人手が少ない場合の適切な対応行動には、協力体制の早期形成が重要である。そのために、各職員はそれぞれ、一人でできることはどの程度か、自分の能力を高めるにはどのようなことをするとよいか、何について協力して行うとよいのかなどを明確に把握しておくことが大切である。

3.2.3　建物の防火設備の設置目的を知ることが大切

防火管理者は、建物に設置されている防火設備等の設置目的をよく理解するとともに、目的を達成するための性能が維持されるよう、適切に点検や確認を実施しなければならない。また、各職員は、自分の「目と手」で、施設に設置されている各種防火対策のための設備等を使ってみて、慣れ、使いこなすための知恵を蓄積する必要がある。

3.2.4　施設の防火対策の確認

自施設の防火対策について確認する。

- **区画の形成**

階段室の防火扉、廊下の途中にある防火扉などが障害物や楔などで閉まらないようになっていないか、またユニット型の場合は、ユニット区画が形成されているか確認する。

- **居室の火災危険**

居室の可燃物や火気の管理状況を確認する。

- **廊下の火災危険**

廊下や階段に大量の可燃物が放置されていないことを確認する。

- **感知器の効能**

どのような感知器が設置されているのか、また、煙感知器が設置されているならば、どのくらいの煙で火災信号を出すものかを知る。

- **消火器の効果**

どのくらいの大きさの火災ならば消せるかを知る。

- **消防機関への通報**

火災通報装置の役割、位置及び使い方を知る。

- **スプリンクラー設備の効果**

スプリンクラー設備の効能を知る。

- **各部屋の区画の形成**

各部屋の扉の閉鎖の効能を知る。

- **排煙設備の効果**

排煙設備の効能を知る。作動の為の操作方法や日常管理での注意点を知る。

- **一時避難場所の確認**

バルコニーが使えるようになっているか確認する。バルコニーがなかったり、使用できない地域では、バルコニーに代わる一時待避場所（階段を使わずに消防隊到着まで待避でき、消防隊が救助しやすい部屋等）を探したり、簡便な方法で改修可能かどうか検討する。

3.2.5　入居者の行動・判断能力の確認

入居者の行動・判断能力を確認する。

- **介護の条件**

一人ひとりの入居者について避難のときにどのような介護が必要か。

- **避難の為の条件**

入居者が一人で移動できるか。

一人の介護職員で車椅子に移動させることができる体重か。

限界まで移動させない方が良いのか。

- **避難場所での条件**

移動後、一時避難場所で一人で待機できるか。

避難する時、協力が可能か。

第3章　夜間火災時の防火・避難マニュアル

図3.2　目標避難時間の算出に関係する要因

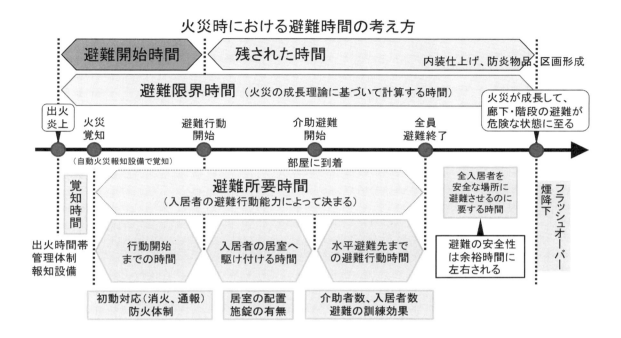

- 付属的な条件の確認

  睡眠薬、常備薬、杖の使用、車椅子使用、その他。

3.2.6　居室からの目標避難時間の算出

安全な防火・避難活動を行うためには、火災時に居室から安全な場所へ避難する目標避難時間を算出する必要がある（図3.2参照）。

出火後、避難に使える時間は数分勝負でそれほど長いものではない、ということを、まず理解しておかなければならない。

- 避難限界時間とは？

  出火後の避難時間に関しては、予め設置されているハード（建築・設備）の防火性能によって、火災発生から何分で避難しないといけないかを見積ることができる。これを避難限界時間という。訓練時などの目標避難時間としては、各空間の避難限界時間に応じて設定されることになる。

- 火災室の避難限界時間

  居室からの避難限界時間として、総務省消防庁で示している算出方法では、火災室が盛期火災に至るまでの算定上の時間を2分間とし、壁や天井の室内に面した部分の仕上げ材料の種類に応じ、不燃材料の場合3分加算、準不燃材料の場合2分加算、難燃材料の場合1分加算（可燃材料の場合は加算はない）、寝具や布張り家具が防炎仕様の場合さらに1分加算とし、合計で2分から6分としている。

17

・　火災室以外の避難限界時間

　さらに火災室以外の部分が危険になるまでの避難限界時間としては、火災室を防火扉（鉄製で
ガラス部分が網入りガラスとなっている扉）で区画できる場合はさらに延長時間として３分加
算、（防火扉ではないが）不燃性の扉で区画できる場合には２分、可燃性の扉で区画する場合に
は１分加算となっている。扉がない場合は加算時間はない。また、天井が高い場合や空間が広い
場合には煙だまりの効果を期待して、200㎡以上であれば、１分加算などとしている（P.79、
6.5.4参照）。

　建築設計者と相談し、この目安を用いて出火室とその他の部分の避難限界時間を算出し、訓練
の際の目標時間とするとよい。

・　簡易な避難限界時間の算出

　なお、上のような計算が面倒なら、通常の特別養護老人ホームであれば、火災室の限界時間は
４分、火災室以外の限界時間は扉がついていれば１分プラスして５分、などと考えて、とりあえ
ずの目標時間を決めて訓練してもよい。

・　残された時間内での対応

　夜間に事務室に警備職員が常駐しているかいないか、夜間の職員等が１フロアーに１人なのか
２〜３人いるのかで対応行動力には大きな違いがあるが、避難限界時間が何分であっても、夜間
の体制がどうであっても、火災時に最低限必要な対応を行い、消防隊到着まで入居者を安全に守ら
なければならないことに変わりはない。避難限界時間が短く、夜間体制が手薄であるなら、その分、
対応行動に工夫をこらさなければならない。現状ではどうやっても避難限界時間内に対応できな
いなら、防火設備等のハード面を強化するか、夜間体制を強化することも考えなければならない。

3.2.7　施設内連絡手段を検討

　火災時に職員がどうやって連絡を取り合うか、ということも事前に検討しておくべき大事なポ
イントである。消火器を持つなど、手がふさがる可能性が大きいので、ヘルメットに取り付けた
ハンドフリーの連絡手段やヘッドランプなども行動支援アイテムとして検討に値する。

3.2.8　救出・消火・火災の閉じ込め・排煙等の行動と連係訓練

　火災が発生している部屋に入居者等が取り残されている場合には、その救出が最優先の作業と
なる。消火する余裕があるのか、救出できる状況なのかを考える。このとき、職員自身の安全確
保も意思決定要因のひとつである。最悪の場合は、救出を断念して火災室の扉を閉鎖し、他の空
間への火煙の拡大を抑えることが必要な場合もある。

　扉のない廊下などで火災が発生している場合には、火煙を閉じ込めることができないので、で
きる限り消火を優先させる。この場合、易操作性屋内消火栓（ホースが渦巻き状に格納されてお
り、庭の水まきホースなどと同じように使える）が設置されている施設については、操作が簡単
で消火器より消火能力がはるかに高いので、これを使用した消火をシナリオに入れておくとよ
い。どうしても消火出来ないようなら（P.91、6.7.2③参照）、各居室の扉の閉鎖を確認した上
で、排煙設備を作動させるか排煙窓を開放して、廊下などが煙で危険になる時間を遅らせること
が必要である。

第3章　夜間火災時の防火・避難マニュアル

図3.3　火災時、職員に求められること

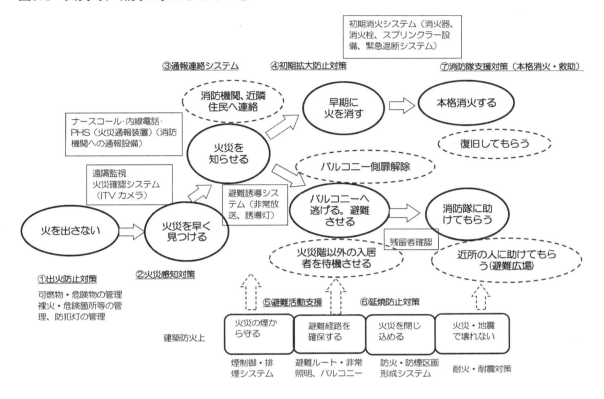

　現場に複数の職員がいる場合は、以上の行動はリーダーの指示のもとに、消火と排煙や扉閉鎖を並行して行うなど、連携して行うことが必要である。そのためには、あらかじめ作成した訓練シナリオに基づいて何度も訓練を行い、夜間シフトの体制ごとにリーダーとある程度の役割分担を決めておくとよい。

　訓練の繰り返しによって、対応行動の無駄をなくし、「次に何をするか」などと考える時間を減らして避難所要時間の確実な低減を図る。訓練を繰り返しても目標時間内に必要な対応が出来ないようなら、施設管理者と意見交換を十分に行い、ある程度費用のかかる解決策をいかに現実的に実現できるか探すことが必要となる。

3.3　高齢者福祉施設の防火のための仕組み

　施設の防火対策としてはハード的な対策とソフト的な対策がある（図3.3参照）。日常の維持管理段階では「火を出さない」ためのソフト面の対策として可燃物・危険物の管理、裸火・危険個所等の管理、防犯灯（放火）の管理があげられる。また、防火管理体制、消防設備の日常点検や定期点検の実施方法、さらには、勤務体制や夜間シフトに応じた自衛消防組織の編成、消防訓練の実施方法などを実態に即して記載した消防計画を作成するとともに、これを提出する際などに所轄消防機関との情報のやり取りを密接にする必要がある。

- 「火災を早く見つける」

　自動火災報知設備が設置されているが、防犯カメラなどの遠隔監視システム（ＩＴＶカメラ）が役立つこともある。

- 「火災を知らせる」

　施設内の通報連絡システムとしては非常放送設備のほか、ナースコール、内線電話、ＰＨＳ等があり、消防機関への通報設備としては火災通報装置がある。

　火災通報装置は、平成25年12月の消防法施行規則の改正により、自動火災報知設備の作動と連動して自動的に消防機関に通報するようにすることが義務づけられた。既存のものの改修期限は平成30年３月31日だが、火災が発生すると自動的に消防機関に通報してくれる便利なものなので、早めに改修した方が火災時の対応が楽になる。

- 「早期に火を消す」

　初期拡大防止対策として消火器、屋内消火栓、スプリンクラー設備、補助散水栓などの初期消火設備が備えられている。

- 「逃げる・避難させる」

　非常放送や誘導灯などの避難誘導システムがあり、避難ルートには非常照明やバルコニーや滑り台などがある。

- 「火災の煙から守り、火災を閉じ込める」

　排煙設備や防火・防煙のための扉などがある。

　そのほか、

- 「本格消火する」、「消防隊に助けてもらう」

　消防隊のための消防空地や非常用の進入口、消防隊が利用可能なバルコニーなどがある。

- **夜間火災時に職員などに求められる対応行動**

　夜間の火災時に職員などに求められる対応行動は**図3.3**のうち「火災を早く見つける」、「火災を知らせる」、「早期に火を消す」、「火煙を閉じ込める」、「逃げる・避難させる」の５項目である。

　自力避難できない入居者の「逃げる・避難させる」の余裕時間を出来るだけ長くするためには、排煙設備を作動させ、入居室の扉の閉鎖を確実にすることが重要となる。

3.4　高齢者福祉施設の火災危険要因を軽減するための戦略

3.4.1　防火・避難計画を作成する際に考えるべきこと

　高齢者福祉施設で夜間に火災が発生した場合、夜間の限られた人員でその何倍もの数の自力避難が困難な入居者を安全な場所に限られた時間内に避難させることは事実上不可能である。このため、夜間の火災の場合は階段を使って地上まで避難させることは困難な場合が多く、その場合は、入居者がいる階と同一の階にある（消防隊到着まで持ちこたえることができる）安全な場所に一時的に避難させる（水平避難**（注）**）ことを目標に対応行動を考えるべきである。高齢者福祉施設の実状を考えれば、「地上への最終的な救助は消防隊に期待する」ことを前提に避難戦略を構築せざるを得ないと割り切り、消防機関にも理解を求めるようにすべきである。

第3章　夜間火災時の防火・避難マニュアル

（注）水平避難

　階段を使わずに、同一階の中で火災に対して安全な場所に避難することを水平避難という。本書では、必ずしも、耐火構造の壁や防火扉で堅固に区画された空間でなくても、消防隊の到着までバルコニーや扉を閉めた部屋など火煙の影響がなるべく及ばない空間に一時的に避難することを指す。

　防火・避難計画を作成する場合には、以下の項目を把握し、それらを前提に考えられる避難方法の中で実行可能で最も避難時間が短い行動計画を作成する必要がある。

① 　人的状況

　　職員の人数と能力。

　　入居者の要介護度・人数・位置。

② 　施設の使用状況に関する特性

　　居室や廊下などに置かれている可燃物の量。

　　暖房や調理など火気の種類や数。

③ 　施設固有の建築的特性

　　構造、平面配置、他の施設との混在の有無。

　　バルコニー又は階ごとの一時待避場所の有無。

　　防火区画の状況、内装不燃化の程度、排煙設備。

④ 　消防用設備等の設置状況

　　自動火災報知設備、消防機関へ通報する火災報知設備（火災通報装置）、非常放送設備。

　　消火器、屋内消火栓設備、スプリンクラー設備、補助散水栓等。

3.4.2　防火・避難マニュアルを利用するにあたっての条件

　火災時の対応行動は、上記①～④によって大きく異なる。これらの項目の内容が大きく異なる施設を一つのマニュアルでカバーしようとすると、場合分けが複雑になりわかりにくくなってしまうので、本マニュアルは、**第2章の表2.1（P.11参照）**に掲げる条件を満たしている施設を念頭に置いて作成した。この条件を満たさない施設の場合は、本マニュアルの内容を理解した上で、**第6章**などを参考に、施設独自で対応方法を考えていただく必要がある。

3.5　防火・避難マニュアル（夜間火災発生時における行動）

　夜間に火災が発生した場合には、水平避難拠点に入居者を迅速に退避させるために、基本的には以下①～⑥の行動を行うが、各施設の固有の特性によっては変更すべき場合がある。自施設の状況が上記マニュアルの基本行動に合わない場合（P.82、6.6.4参照）は、**第5章「火災図上演習（ＦＩＧ：Fire Image Game）マニュアル」**に従い、訓練により実際に検証しながら、施設の実態に合わせて基本行動を改善することが望まれる。

① 　火災の覚知、出火箇所の確認と消防機関への通報、職員の火災階への集合

　　自動火災報知設備（感知器）が作動した場合は、受信機で火災発生場所を確認し、すぐに最も手近な発信機又は火災通報装置のボタンを押して消防機関に通報する（時間を取られるので、１１９番通報はせず、消防機関からの確認電話にも出ない）。放送設備などで他の職員に連絡

し、職員は火災階に集合する。

　見回り中など感知器の作動前に火災を発見した場合は、「火事だー」と大声で叫びながら、火災室からの救出、消火器による消火、火災通報装置の押釦、他の職員への連絡などを行う。順序は状況による。

② **初期消火と火災室内要救助者の救出及び火煙の閉じ込め**

　消火器により初期消火を行う。ただし、無理に消火活動を続けず（P.91、6.7.2③**参照**）、火煙の拡大防止を優先させる（職員自身の安全も考慮）。

　消火と並行して、火災室（火災室が居室の場合）内に取り残された入居者等を火災室から救出し、火災室と廊下などの間の扉を閉鎖する。

③ **火煙の拡大の遅延等**

　火災階の全居室（ユニット型の場合は火災となったユニットだけでよい場合もある）の廊下などに面する扉を閉鎖（しているのを確認）する（バルコニーに接している居室については、バルコニー側出入口の解錠も合わせて行う）。階段の防火扉を閉鎖する（上下階への煙の拡大・伝播を防ぐ）。

　廊下や共用部の排煙設備（排煙窓など）を作動（開放）させる。

④ **トイレ等の検索**

　自分の居室以外のところに出ている人がいないか、トイレ等無施錠の部屋を検索し、自室又は最寄りの居室に戻す。

⑤ **水平避難**

　状況に応じ、火災室近くの居室の入居者を、消防隊が到着するまで一時的に避難させることのできる場所（施設の置かれている状況を考慮すると、居室に接するバルコニーが最もよいが、冬季で積雪のある場合やバルコニーがない場合は屋内階段の前室等に設定した一時待避場所）に水平避難させる。

　バルコニーに接している居室の場合、廊下などは使わずバルコニー伝いに入居者を順次バルコニーに避難させるとよい。③でバルコニー側の出入口を解錠する大きな目的はこのためである（消防隊の救助を容易にするためもある）。

　なお、スプリンクラーの奏効率を考えれば、火災室以外の居室にいる要介護度の高い入居者についてはできるだけ居室に留めておき、出火室の両隣などで消防隊到着前に火煙が居室に進入して避難が必要になった時点でバルコニーに救出する、などの戦術も考えてよい。

⑥ **消防隊への引継ぎなど状況の報告**

　建物の状況、出火場所、入居者・職員の人数、避難、負傷者、排煙などの状況を報告する。

3.6　マニュアルの解説

3.6.1　火災対応上の基本的な考え方

　施設ごとに避難目標時間を決めて訓練を行うことにより、実火災時も避難目標時間内に施設内にいる全員がバルコニー、扉を閉鎖した居室（バルコニーに接した居室の場合）又は階段室前室などに設定した一時待避場所（バルコニー避難ができない場合）などの一時避難場所に避難でき

第3章　夜間火災時の防火・避難マニュアル

図3.4　スプリンクラーの消火・抑制効果のイメージ

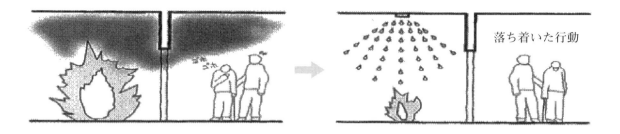

図3.5　安全な空間

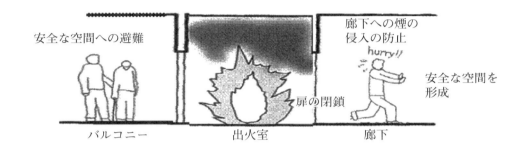

るようにする。
① **スプリンクラー設備のある施設の場合**
　スプリンクラー設備が設置されていれば、対応にある程度失敗してもスプリンクラーが消火してくれると考えて、図3.4に示すように落ち着いて行動すべきである。
② **職員数が少ない夜間等の場合**
　当直職員が少ない場合は、図3.6に示す手順に従い、職員全員ができるだけ早く火災階に集合して、初期対応に全力を注ぐべきである。
　入居者すべてを短時間で安全な地上まで避難させることは難しいので、図3.5に示すように出火室の廊下側扉を閉鎖して火煙を閉じ込めるとともに、火災階（ユニット型の場合は発生ユニットだけでよいものもある）の入居者全員をできるだけ安全な場所に退避させて消防隊の到着（火災通報後6分程度とされるが、消防署等からの位置関係によるので、施設毎に要確認）を待つ作戦が有効である。過去の事故発生施設においては、多くの入居者の救助は消防隊の活動に負うところが大きい。
③ **安全な場所（一時避難場所）**
　水平避難を行う安全な場所としては、第一はバルコニー（スプリンクラーが設置されている施設の場合、介護度の高い入居者については、いつでもバルコニーに避難でき、廊下との間の扉が閉鎖できる居室もこれに準じて考えてもよい）、第二は扉を閉めることができる階段室前室などの一時待避場所又は（火災から見て）防火扉の向こう側である（図3.5参照、詳細はP.85参照）。

図3.6　火災階と非火災階の対応の流れ

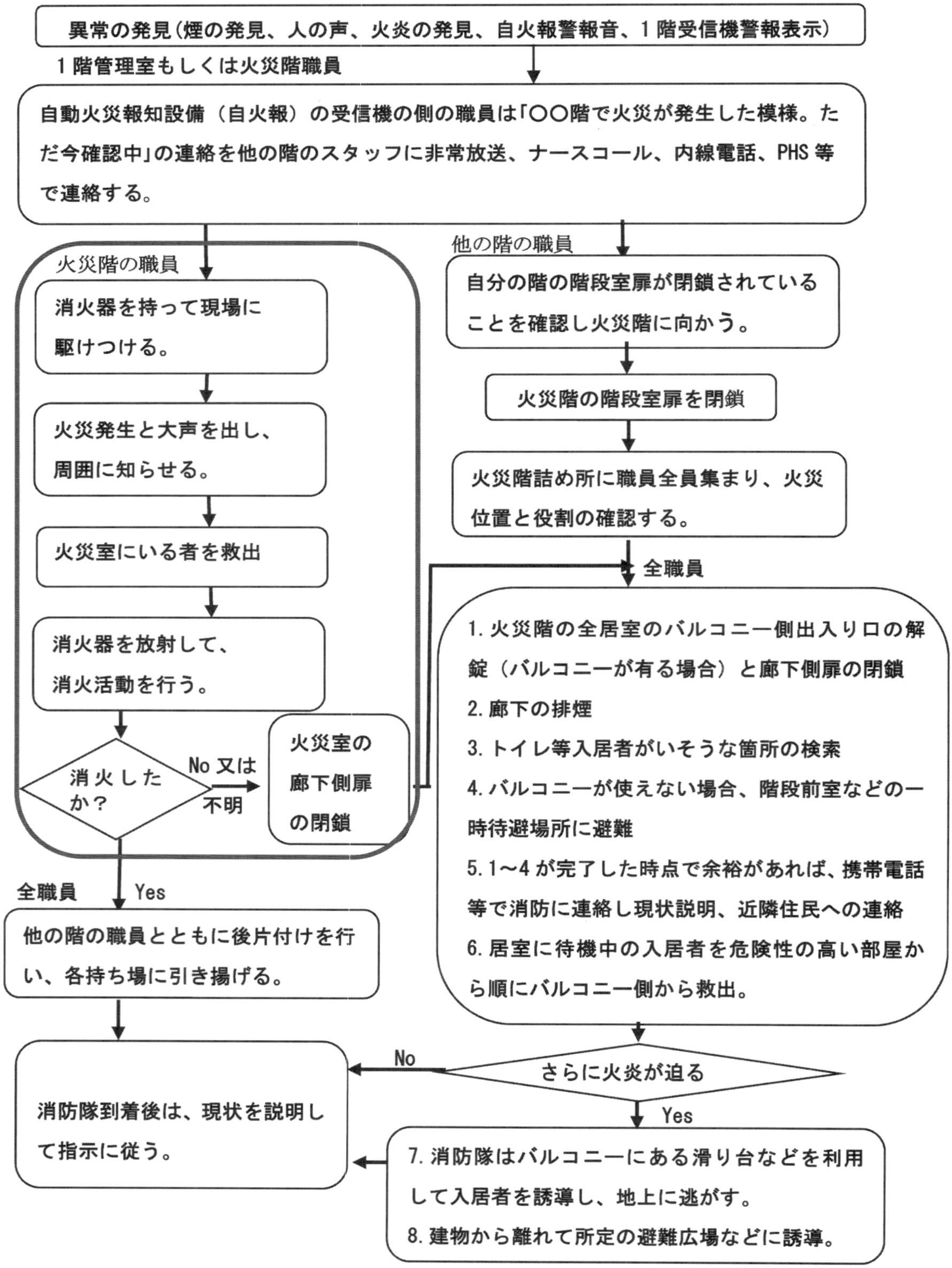

異常の発見（煙の発見、人の声、火炎の発見、自火報警報音、1階受信機警報表示）

1階管理室もしくは火災階職員

自動火災報知設備（自火報）の受信機の側の職員は「〇〇階で火災が発生した模様。ただ今確認中」の連絡を他の階のスタッフに非常放送、ナースコール、内線電話、PHS等で連絡する。

火災階の職員

消火器を持って現場に駆けつける。

火災発生と大声を出し、周囲に知らせる。

火災室にいる者を救出

消火器を放射して、消火活動を行う。

消火したか？　→ No又は不明 → 火災室の廊下側扉の閉鎖

全職員　Yes

他の階の職員とともに後片付けを行い、各持ち場に引き揚げる。

消防隊到着後は、現状を説明して指示に従う。

他の階の職員

自分の階の階段室扉が閉鎖されていることを確認し火災階に向かう。

火災階の階段室扉を閉鎖

火災階詰め所に職員全員集まり、火災位置と役割の確認する。

全職員

1. 火災階の全居室のバルコニー側出入り口の解錠（バルコニーが有る場合）と廊下側扉の閉鎖
2. 廊下の排煙
3. トイレ等入居者がいそうな箇所の検索
4. バルコニーが使えない場合、階段前室などの一時待避場所に避難
5. 1～4が完了した時点で余裕があれば、携帯電話等で消防に連絡し現状説明、近隣住民への連絡
6. 居室に待機中の入居者を危険性の高い部屋から順にバルコニー側から救出。

さらに火炎が迫る　→ No／Yes

7. 消防隊はバルコニーにある滑り台などを利用して入居者を誘導し、地上に逃がす。
8. 建物から離れて所定の避難広場などに誘導。

第3章　夜間火災時の防火・避難マニュアル

3.6.2　火災発生時における各フェーズでの対応行動の解説

夜間に火災が発生した場合の標準の基本行動の解説を以下に行う。

> ① 火災の覚知、出火箇所の確認と消防機関への通報、職員の火災階への集合
> 　火災発生を確認する。職員は火災階に集合する。火災通報装置のボタンを押して消防機関に通報する（時間を取られるので、１１９番通報はせず、確認電話にも出ない）

―解説―

　自動火災報知設備の煙感知器などにより、火災が小さな段階で人が気づくより早く発見して警報音を発するとともに、１階の事務室等に設置された受信機に火災の発生したエリアを表示される（図3.7参照）。

　火災階の職員が、叫び声、火炎や煙・臭いなどにより異常に気づく場合もある。最初に火災を発見した職員はその後の行動方針を即断し、他の場所にいる職員の応援を要請する。

図3.7　自動火災報知設備の構成とはたらき（例）

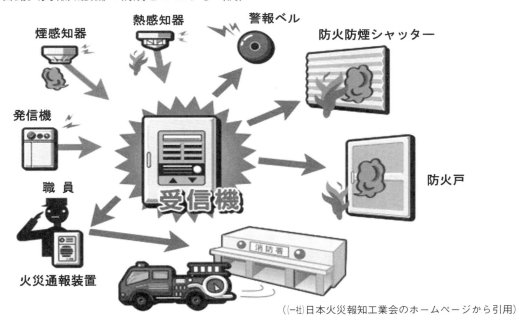

((一社)日本火災報知工業会のホームページから引用)

・　火災感知器による覚知

　代表的な火災感知器には、火災からの煙を感知する煙感知器と通常より高い温度上昇や高温を感知する熱感知器がある。一般に、通路や階段室には煙感知器が、狭い居室には熱感知器（差動式）が、給湯室や厨房など高温、湿度が高い部屋には熱感知器（定温式）が設置されている。

　自動火災報知設備の鳴動により現地に向かう時には、現地の状況を想像する。熱感知器が作動した時は、すでに炎が上がっている。消火器による素早い対応（消火をするかどうかの判断を含め）が必要になる。

- **出火箇所の確認**

　放送その他の連絡手段により指示を受け、又は自動火災報知設備の鳴動、臭いや音、入居者からの連絡などで異常を感知した職員は、消火器を携え、臭い、煙、音等を頼りに出火箇所を探す。

　熱感知器が作動している場合は、火災室内では火炎が立ち上がっていると認識して行動する（扉が閉まっているときは、やけどをしないように、取っ手を触る前に扉が熱くなっているか手の甲をかざして確認する）。

　職員が複数になった場合は、予め定めた者又は職階上位の者が火災階でのリーダーとして行動内容を指示する。

　確認に行って火災を発見した場合、まず、大声で「火事だー！」と何度も叫ぶ（他の職員を火災室に集めるためのほか、声に気づいて部屋から出て来た人などに、避難開始の連絡、管理室への連絡、１１９番通報などを頼める可能性があるため）。

- **火災発生時の管理室における警備員などの行動**

ａ．警備員が常駐していない場合

　管理室（ここでは、自動火災報知設備の受信機等が設置されている室をいう。）又はその近傍にいる職員は、自動火災報知設備が作動したら、ただちに火災通報装置のボタンを押して消防機関へ通報し、次に火災発生箇所の確認と職員の火災階集合を非常放送設備や内線電話、ＰＨＳなどで指示する。自動的に消防機関に通報する火災通報装置が設置されていても火災通報装置のボタンを押す。相当の時間がかかる場合以外は、原則としてこの通報動作は実施する。

　自動火災報知設備が作動して火災発生を覚知した場合は、受信機で感知器が作動した区域を特定できる。管理室に放送設備がある場合は、直ちに放送設備を用いて「○階○○付近で火災感知器が作動しました。○階の○○さん（当日の該当職員の名前）は、至急、消火器を持って火災の発生場所を確認し、初期消火を行ってください。他の職員は全員○階に集合してください。」などと連絡する。夜間なので非常放送をすることにはためらいがあるかも知れないが、自動火災報知設備が鳴動して入居者も不安を感じているので、入居者を落ち着かせるためにも、また、他の職員に効率的に指示するためにも、放送設備を使用するのがベストである。近くに放送設備がない場合は、内線電話やＰＨＳ等で連絡する。

　火災階の職員は、管理室の指示に従って消火器を携行して火災場所の確認を行う。

　他の階の職員（管理室にいた職員も同様）は、連絡を受け次第ただちに、その階のすべての階段室の扉を閉鎖して最寄りの階段室を利用して火災階に駆け付ける（**図3.8参照**）。火災階の階段室の扉も閉鎖する。夜間、階段室の扉が閉鎖している状態を確認しているなら、扉閉鎖や確認は不要である。

　消防機関は、高齢者福祉施設等については火災確認前の通報を認めているはずであるが、訓練等の機会によく確認しておくとよい。

　また、自動火災報知設備と連動して火災通報がなされたり火災通報装置が押鈕されたりした場合は、消防機関から確認の電話がかかってくるが、この電話に出ると貴重な時間を２～３分費やすことになるので、出ない方がよい。消防機関としては、自動火災報知設備と連動して自動通報があり、さらに火災通報装置からの通報もあるので、「火災発生」として対応してくれるはずである。

第3章　夜間火災時の防火・避難マニュアル

図3.8　階段室の扉の閉鎖の無い場合の煙の挙動

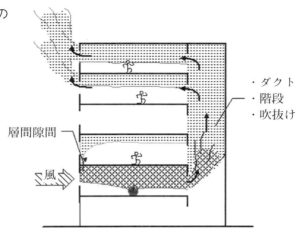

　ただし、火災通報装置を間違って押釦したり、火災でないのに自動火災報知設備が作動したりすることもあるので、その場合はすぐにその旨を消防機関に伝える必要がある。

b．警備員等が常駐している場合

　施設によっては、警備員等が常駐している場合もある。警備員等の火災時の行動は委託契約内容に従うことになるが、夜間の介護職員等が2人以下なら、警備員等も初期消火・避難誘導等を介護職員等と一緒に行うようにしておくべきである。

　警備員等が初期消火・避難誘導等ができない場合は、消防機関との連絡など様々な情報のキーステーションとしての役割を果たすほか、消防隊到着時の誘導などの任にあたることとなるが、いずれにしろ、火災階での介護職員等の業務が出来るだけ軽減されるよう、訓練などで役割分担を確認し、必要なら契約内容を変更することなども考えておくべきである。

---

② 初期消火と火災室内要救助者の救出及び火煙の閉じ込め
　　消火器により初期消火を行う。ただし、無理に消火活動を続けず、火煙の拡大防止を優先させる（職員自身の安全も考慮）。
　　消火と並行して、（火災室が居室の場合）火災内に取り残された入居者等を火災室から救出し、火災室と廊下の間の扉を閉鎖する。

—解説—

・初期消火と火災室内要救助者の救出

　室内に要救助者がいる場合には消火活動よりその救出を優先する（救出より先に粉末消火器を放射すると、狭い部屋の場合は粉末により視界が失われて、救出が難しくなる）。

　要救助者の救出に成功するか、救出困難と判断した場合は、燃焼物に向けて、携行した消火器で消火剤を放射する。消火活動をすべきか否かの判断は、火炎の高さによる。火炎が腰の高さより低い場合は直ちに消火活動をすべきであるが、腰の高さよりも高くなっている場合は、自身に危険がないと判断できる場合に消火活動を行う。火炎が天井に達している場合は消火活動をあきらめる（P.91参照）。

図3.9　火災室の煙流動　　　　　図3.10　共通エリアの火災対応

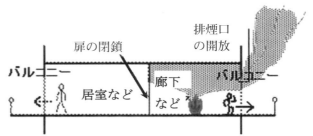

- 火煙の閉じ込め

　火災室から退出する場合は、絶対に扉を閉鎖しなければならない（火煙の拡大を防止するため）。初期消火に成功すれば、とりあえず緊急事態からは脱出できたことになるので、事後処理に移る。

　消火に失敗するか、成功したかどうか不明の場合は、更なる消火活動をすることなく、速やかに火災室の扉を閉鎖して火煙を閉じ込める（図3.9参照）。

　火災の発生場所が火煙を閉じ込めることができない場所（廊下やホール、廊下に面する扉のない部屋など）の場合は、廊下などにある排煙設備のうち火災発生場所近傍のものを作動させたり、窓を開けたりして、煙の充満を遅らせる（図3.10参照）。職員数が少ない場合は、この作業は、火災階の全居室の廊下に面する扉を閉鎖した後でよい。

> ③　火煙の拡大の遅延等
> 　火災階の全居室（ユニット型の場合は火災となったユニットだけでよい場合もある）の廊下などに面した扉を閉鎖（しているのを確認）する（バルコニーに接している部屋については、バルコニー側出入口の解錠も合わせて行う）。階段の扉を閉鎖する（上下階への煙の拡大を防ぐ）。廊下や共用部の排煙設備（排煙口など）を作動させる。

―解説―

　階段室の防火扉は全て閉鎖し（火煙を他階に拡大させないため）、消防隊が到着するまでは、階段を使った避難は行わない。夜間の場合は、ほとんどの開口部は閉まっているため、それを確認するだけでよい場合も多い（入居者就寝後に、全階段室の全防火扉を閉鎖し、夜間使用しない部屋を施錠し、各居室の扉が閉鎖していることを確認することをルーティンとして必ず行うようにしておけば、この行動は不要になる）。

- ユニット型の場合

　ユニット型で他のユニットに火煙が拡大しにくい構造やプランになっている場合は、火災となったユニットの居室の扉だけ閉鎖する。

- バルコニーの利用

　居室からバルコニーに出られるようになっている場合は、居室に入ってその出入口を解錠しておくと、廊下などが火煙で危険になっても、バルコニー側から容易に入居者を救出できるので、

第3章　夜間火災時の防火・避難マニュアル

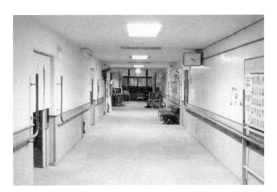

図3.11　廊下側扉の状況

図3.12　排煙窓設置状況

図3.13　排煙窓作動レバー

入居者を暫く居室で待機させることができる。
　バルコニーへの出入口を自動火災報知設備の作動と連動して又はリモコンの操作により解錠できるようにしておくと、この操作が不要になるので、対応行動時間を大幅に短縮することができる。

・　排煙窓への対応
　火災室の扉を閉めて火煙を閉じ込めても、いずれ火煙が廊下に漏れて来るので、排煙設備を作動させたり廊下などの排煙窓（排煙窓がなければ火災室近傍の普通の窓）を開放したりして、煙を外部へ排出する（図3.11、図3.12、図3.13参照）。
　火災室に排煙窓が設けられている場合にはこれを開放すると煙が外部に排出されるため、建物内に煙を拡散させない効果は高いが、火災室の奥にあって開放操作に危険が伴う場合は、無理をして開けずに、火災室の廊下側の扉を閉鎖する。
　廊下などの排煙を、居室や隣のユニットなどを介して行うこととしている建物もあるが、その場合は排煙操作がその居室を危険にするので、内部の人がいないことが確認できるまでは、行ってはならない。自分の施設がそのタイプの排煙設備かどうか、訓練等の機会によく確認しておく必要がある。

④　トイレ等の検索
　自分の居室以外のところに出て行っている人がいないか、トイレ等無施錠の部屋を検索し、自室又は最寄りの居室に戻す。

―解説―
　トイレなどに残っている人がいないか確認し、自室に戻すかより安全な場所に誘導する。入居者全員が居室にいることが確認できれば、この検索は必要ない。
　入居者が居室又は一時避難場所に全員退避していることが明らかでない場合には、消防隊が危険を冒して検索活動を行わなければならなくなるので、この検索活動（又は入居者全員の所在確認）は必ず行う必要がある。

- 検索の意図

　徘徊性のある人が思わぬところに入り込んでいる可能性もあるので、無施錠の部屋は全て確認する。

- 発見時の対応

　火災の騒ぎに気づき、不安になって廊下などに出て来る入居者がいる可能性もあるので、廊下などを監視して自室または適切な一時避難場所に移動させる。

---

⑤　水平避難

　状況に応じ、火災室近くの居室の入居者を、消防隊が到着するまで安全に退避できる場所（当該居室に接するバルコニーが最もよいが、冬季で積雪のある場合やバルコニーがない場合は屋内階段の前室等）に水平避難させる。

　バルコニーに接している居室の場合、廊下などは使わずバルコニー伝いに入居者を順次バルコニーに避難させるとよい。③でバルコニー側の出入口を解錠する大きな目的はこのためである（消防隊の救助を容易にするためもある）。

―解説―

- 避難の方針

　要介護度の高い入居者については、移動自体がリスクになるので、できるだけ居室に留めておきたい。スプリンクラーの奏効率を考えれば、火災室の両隣などの火煙が進入する可能性が高い居室のみ救出する、などの戦術も考えてよい。

　避難誘導に関する事項が、「避難誘導班は避難誘導を行う」という抽象的な表現だけになっている消防計画、職員が行うことをただ羅列しただけの消防計画もあるが、上記のような実態を考えると、これでは実際の避難誘導活動を行うことはできない。

　火煙により危険になるまでの数分間に、誰をどこにどうやって避難させるのか、具体的に考える必要があるが、上記のような実態を考えれば考えるほど、「とても無理」と諦めてしまいがちである。

　しかし、火災の特性と設置されている防火設備等の役割や性能をよく理解し、合理性の高い目標を設定して作戦を練り、ヘッドランプなどの小道具を準備し、定期的に訓練を行い、訓練結果に基づいて作戦や装備を修正し、必要なら最小限の費用で改善する途を探すなどにより、入居者全員を安全に避難させることは十分可能である。

　施設の責任者や防火管理者は、このことを理解して避難誘導体制の整備を図る必要がある。

- どこに避難させるか

　夜間、２階以上の階で火災が発生した場合に、火災階の全ての入居者を数分の間に安全な地上に避難させることは不可能である。昼間、人手がある場合でも、極めて難しい作業になる。

　このため、この種の施設では、階段を使わず、全入居者を同じ階の出来るだけ安全で消防隊が救出しやすい場所に一時的に避難させ（水平避難）、地上への避難は消防隊に期待する作戦が有効である。

　水平避難の場所は、バルコニー避難が可能かどうか、また火災が発生した場所に扉があるかないかで変化する（**図3.14参照**）。

第3章　夜間火災時の防火・避難マニュアル

図3.14　自施設の水平避難方針の確認

a.バルコニー避難が可能な施設

全室に扉がある場合：（個室，共用室，倉庫，事務所等）で出火

留意点
1. 扉の確実な閉鎖，煙の拡散防止を行う
2. 廊下への煙の拡がり防止
3. 廊下の排煙

扉のない部屋がある場合：（個室，共用室，廊下，洗濯室，物置場等）で出火

留意点
1. 火煙を閉じ込められず，避難限界時間はより短くなる
2. 各居室の廊下側の扉の閉鎖，廊下・共用室の排煙設備の作動を優先
3. 初期消火にあまり時間をかけず，消火不能と判断したら直ちに上記2を実行

一時避難
・全周バルコニーが望ましい。階段室との接合状況やバルコニー内の仕切り板の設置状況，消防車が寄りつき可能か等，要検討

留意点
1. 火災階の全ての部屋の廊下側の扉閉鎖を最優先
2. 危険性の高い部屋から順に入居者をバルコニーに避難
3. 地上への避難は消防隊に期待

---

b.バルコニー避難が不可能な施設

全室に扉がある場合：（個室，共用室，倉庫，事務所等）で出火

留意点
1. 扉の確実な閉鎖，煙の拡散防止を行う
2. 廊下への煙の拡がり防止
3. 廊下の排煙
4. 一時待避場所に最も早い方法で入居者を避難させる

扉のない部屋がある場合：（個室，共用室，廊下，洗濯室，物置場等）で出火

留意点
1. 対応が非常に難しい事を念頭に置いて日常管理・防火避難訓練に取り組む。
2. 火煙を閉じ込められず，避難限界時間はより短くなる
3. 各居室の廊下側の扉の閉鎖，廊下・共用室の排煙設備の作動を優先
4. 初期消火にあまり時間をかけず，消火不能と判断したらすぐに下記5を実行
5. 一時待避場所に最も早い方法で入居者を避難させる

一時避難
・非常時扉が閉鎖するエレベーターロビーや付室，階段室近くの火煙の侵入を防げる居室（二方向避難を実現するために，2箇所設置することが望ましい）

留意点
1. 廊下や扉のない部屋に燃えるモノ（タオルや紙類，他）を置かないなどの日常管理（配慮）の徹底が必要
2. 共用室と個室の間に廊下があるタイプは廊下の出入り口を扉で区画化する。廊下と共用室に明瞭な区画が無いタイプは共用室と廊下の間に非常時に区画化できる装置を設けるなど，消防隊が来るまでの一時的な安全区画の形成などの区画の多重化対策を実施
3. 一時待避場所の扉は防煙性能を持つものにする，また排煙上有効な窓等があることが望ましい
4. 各居室の入居者を一時待避場所まで短い時間で移動させる手順の検討
5. 地上への避難は消防隊に期待

建物が鉄筋コンクリート造などの耐火造の場合には、階段の防火扉をきちんと閉鎖しておければ、火災は火災階より上階へは直ちに拡大することは無い。火災階より上階にいる当直職員は、担当階の入居者が各居室の扉を閉めて待機していることを確認の上、火災階の入居者の救出援護に向かう事を薦める。

a．バルコニー避難が可能な施設

「出来るだけ安全で消防隊が救出しやすい場所」としては、居室から直接バルコニーに出られる場合はバルコニーがベストである。

バルコニーが設置されていても、階段室との接合状況やバルコニー内の居室間の隔て板の設置状況、消防自動車の寄りつきが可能かなど設置状況によって一時避難場所として利用できない場合がある。さらに、積雪寒冷地においては、氷雪によって扉の開放が阻害されないのか、入居者が寒い外気に曝されながら救援隊到着まで待つことができるのか、施設周辺の雪よけを行い消防自動車や消防隊の寄りつきが可能かなどを検討して対応を考えなければいけないので注意が必要である。

・　居室など扉のある部屋で火災が発生した場合

火災を火災室に閉じ込め、居室の廊下などに面した扉を閉鎖することができれば、居室に火煙が浸入して危険になるまでにある程度の時間がかかるので、火災階（ユニット型の場合は火災ユニットの場合も）の全ての居室の廊下などに面した扉を閉鎖することを最優先とし、その後、危険性の高い居室からバルコニー伝いに順次バルコニーに避難させる。廊下などは火災室からの煙で次第に危険になるため、バルコニー側の出入口を解錠しておかないと、このような形でバルコニーへの避難を行うことは難しい。

スプリンクラー設備等が設置されていれば、早期に消火される可能性も高い。スプリンクラー設備の消火・抑制成功率がほとんど100％（消火成功率は88％程度だが、残りの12％も焼損面積はほとんどゼロに抑制）であることを考えると、移動させること自体がリスクであるような入居者は居室に待機させ、その居室に煙が侵入するか隣室まで延焼して来た段階でバルコニーに避難させるような戦術も検討に値する。

消防機関への通報を速やかに行うことで、バルコニーに避難した入居者が危険になる前に消防隊が到着し、救援を受けることが期待できる場合は、火炎が迫って来ても、職員だけで、バルコニーに連続する地上への避難路の階段や滑り台などで入居者を地上へ退避させる必要はない。

・　廊下や扉のない共用室等で火災が発生した場合

廊下や扉のない共用室などで火災が発生すると、火煙を閉じ込めることができないため、消火できなかった場合は、周囲が火煙で危険になるまでの時間（限界時間）が短くなる。

このため、消火への期待は大きくなるが、消火不能と判断したら（**P.91、6.7.2③参照**）、時期を失することなく各居室の廊下などに面した扉を確実に閉鎖し廊下の排煙設備等を作動させて、各居室に煙が侵入するのを遅らせることが重要である。

また、共用室と廊下などの間の開放部に扉（必ずしも防火扉でなくてもよく、消防隊が救助にくるまで一時的に煙を遮断する機能があればよい）を設けて安全区画を形成できるようにすることも考える必要がある（**図3.15参照**）。

居室にバルコニーが設置されている場合には、廊下などを活動空間として使えるうちにバルコ

第3章　夜間火災時の防火・避難マニュアル

図3.15　安全区画形成のための区画化

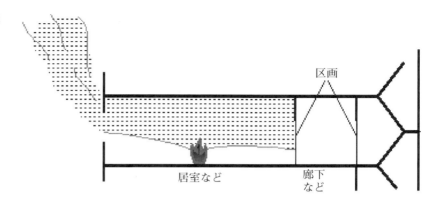

ニー側の出入口を解錠することがより重要になる。これができれば、廊下が使えなくなってもバルコニーを活用して救出活動が可能である。

ｂ．バルコニー避難ができない施設

　バルコニーが無かったり、設置されていても部分バルコニーの場合や長期に渡って積雪・寒冷になる地域はバルコニー避難ができない。

- **居室など扉のある部屋で火災が発生した場合**

　バルコニーに避難させることができない場合には、階段室直近で消防隊が救出しやすく火煙の侵入をある程度防ぐことができる空間（一時待避場所）に、車いすや背負いなど訓練で確認している方法のうち最も早い方法で入居者を避難させる。

　このための空間としては、階段室自体やその付室が望ましいが、階段室の踏み込み部分は狭いことが多く、付室も設置されていない方が多いので、階段直近の空間（非常時、区画化されるエレベーターホールや他になければ居室でもよい。）を一時待避場所として指定しておくことでもよい。

　いずれにしろ、この空間は時間が経つと火災室から流出した煙で危険にさらされることになるので、廊下の排煙設備を作動させるなどして危険になるまでの時間をできるだけ延ばすようにしなければならない。

　当該空間が危険になるまでの時間を延ばすには、廊下などの途中に防煙性能のある防火扉が１～２枚あればもっとよい。防火扉でなくガラスのスイングドアのようなものでも効果があり、２枚あれば大きな効果がある（これを多重区画化と呼ぶ）。

　既存の施設の廊下の途中に防火扉やスイングドアを後から設置するのは大変であり、通常の介護行動上の支障がある可能性もあるので、遮煙性能のある防火スクリーンを設置するという方法もある。現在は値段が高いが、販売量が多くなれば安くなる可能性が高い。

- **廊下や扉のない共用室等で火災が発生した場合**

　バルコニーが使えない場合は、廊下などが火煙で危険になる前の短い時間に全入居者を水平避難させなければならないため、より迅速な行動が求められる。どのような手順で各居室の入居者を水平避難場所まで移動させるべきか考え、行動することになるが、危険と隣あわせの作業とならざるを得ない。

　このようにバルコニーが使えない施設で廊下などや扉のない部屋から出火すると極めて危険な

状況に陥る可能性が高いため、廊下に可燃物を置かない、出火原因となる可能性のあるものと可燃物は切り離して配置する、などの建物使用上の配慮が不可欠である。

⑥ 消防隊への引継ぎなど状況の報告
　建物の状況、出火場所、入居者・職員の人数、避難、負傷者、排煙などの状況を報告する。

―解説―

　消防隊は、通常、通報後6～8分程度で到着するので、「火災階の入居者は全員バルコニー又は一時待避可能な場所にいること、居室など廊下などに面した扉と階段室の防火扉は全て閉鎖済みであることその他の状況」を告げ、その後は消防隊の指示に従う。

第4章　実行動訓練マニュアル

4.1　訓練の必要性（「臨機応変」は可能か？）

　第3章では、自分の施設の建築的特性や防火対策の現状、入居者や施設関係者の勤務の実態などを踏まえて、夜間火災が発生した場合にどう対応すべきかについて、自分の施設に適した対応計画を作ることの重要性と、その方法について述べた。

　だが、事前の想定と同じ火災が起きることは少なく、また火災時の対応も状況によって異なってくる。

　火災が発生すると、どんな人でも一時的に頭が真っ白になり、覚えていたことは思い出せず、正常な判断力も失われる、という状態になる。

　ベテランの消防士など、日常的に訓練を繰り返し、実際にそんな修羅場を何度も経験している人なら短時間で平常心に戻れるかも知れないが、普通の人は短時間で平常心に戻れるほど訓練を繰り返すことは難しい。このような課題に応えるには、消防隊が到着するまでの間くらいは「臨機応変」の判断をしなくても済むよう、以下のように想定シナリオを作成するのが一つの方法である。

① 　想定シナリオ作成の必要性

　消防隊到着までにすべきことを想定した本マニュアルのシナリオ（**第3章参照**）を火災図上演習（**第5章参照**）等により改善して（「臨機応変」の判断は平常時に経験する）、自分の施設の実態に適したものの中で現実に対応可能で最も早い避難時間のシナリオを作り、そのシナリオに従った訓練を繰り返し行って、頭が真っ白になった状態でも身体が動くようにする。

　「頭が真っ白になった状態」でも、やり慣れたことを順次行っているうちに次第に落ち着いて平常心が戻って来ることはよく知られている。このようなシナリオで訓練を繰り返すことは「臨機応変」能力の習得にも有効である。

　実際に火災が起きた時は訓練で体得したことの何割かできれば上出来で、訓練と違うことを本番で行うことは不可能だと知るべきである。

② 　想定シナリオの種類

　想定しておくべきシナリオは、

<u>最も発生確率の高いもの</u>と<u>最も発生して欲しくないもの</u>

の2種類とする。過去の火災報告結果では、夜間で最も火災が発生しやすいのは、居室である。一方、最も発生して欲しくない場所は、廊下や共用室、共同生活室である。扉のない洗濯場、乾燥室からの出火の可能性は高い。

③ 想定シナリオ作成時の注意事項

訓練シナリオの作成に際して最も注意しなければならないことは、「実際の火災の時には違うが、訓練の時にはこうせざるを得ない」というシナリオは間違っている、ということである。

「この入居者は訓練で動かすわけにはいかないので避難したことにする。」ということは、絶対にしてはならない。動かせない人がいるなら、他の職員がダミーになるなどして、要避難者（のダミー）は必ず所定の位置まで、火災時に用いる方法で避難させる必要がある。

いずれのシナリオも、訓練途中での判断要素は極力少なくし、状況が違っても同じ手順で同じ行動を行うようにする（選択肢が複数ある場合は、シナリオ作成の段階で安全性が高くなる選択肢を一つ選び、訓練中には選択しなくても済むようにしておく）。

④ 訓練の順番

最初は「最も発生確率の高いシナリオ」で訓練を繰り返し、目標時間内に所定の行動ができるようになったら「最も発生して欲しくないシナリオ」にステップアップして、同じように訓練を繰り返す。

⑤ 向上心の維持

上記の訓練課題がクリアできるようになったら、目標時間を短縮するなど、さらなるレベルアップを目指す。

⑥ 反省会の開催

毎回の訓練終了後には必ず反省会を開いて、「こうした方がよい」、「こうすべきではない」などの意見をシナリオに取り込んでこまめに改善を図る。

4.2　部分訓練と全体訓練

高齢者の施設においては、実際の行動を伴う訓練には制約が多い。限られた人数で様々な介護業務の合間を縫って消防・避難訓練に割ける時間は限られている。少なくとも施設全体を巻き込んで、夜間に全入居者を参加させた訓練を行うことはほとんど不可能である。また、最終的な安全避難場所としての外部の環境は季節などで様々に変化するがそれに対応した訓練も不可能に近い。

・　部分訓練

したがって、例えば消火器の操作方法など設置されている個別の消防設備などの習熟や通報連絡などを目的とした部分的な消防訓練、さらには毎回異なった出火時間帯や避難方法を想定した避難訓練など、さまざまな部分訓練の積み上げが基本となる。

消防機関への通報設備や消火器や排煙設備などの機器の操作方法や使用限界などを習得することを目的とする部分訓練は、実際の火災の展開が想定と異なった場合でも、必ず行わなければならない基本事項の修得に不可欠である。

・　全体訓練

全体訓練は、目標時間内に所定の対応行動を実施して入居者全員をとりあえず安全な場所に避難させることができるか、部分訓練の積み上げ効果や訓練項目に過不足がないかなどを確認する意味で実施する。

第4章　実行動訓練マニュアル

図4.1　訓練項目と訓練目的や評価尺度

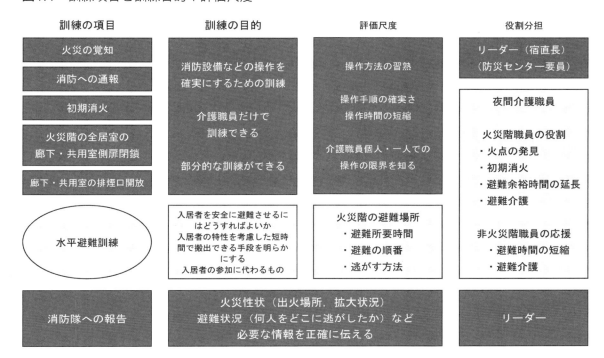

図4.2　火災時の行動とハードの防火対策と訓練の関係

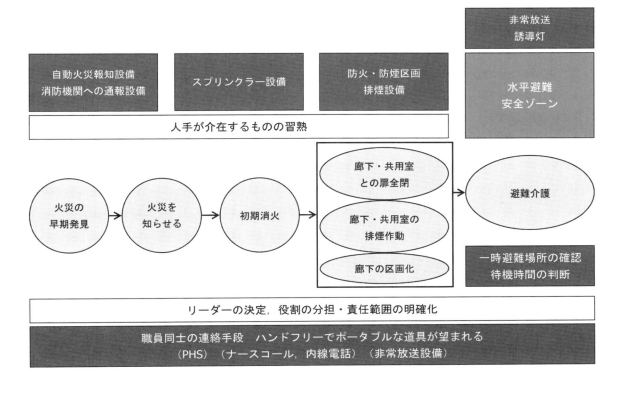

いずれにしても、訓練の計画から結果まで丁寧に記録して保存するとともに、訓練の目的とその結果を一定の尺度で判断し、次の改善につなげていくことが重要である（**図4.1、図4.2参照**）。

また、部分訓練と全体訓練に加えて火災図上演習を行うことにより、火災が発生した時に起こりそうなこと、危惧されることの洗い出しを行い、出火場所や時間、季節などのシナリオをどのように設定するか、設置されている防火対策用の設備等を使えるか、入居者の搬送をどうするか、などの基本事項を確認して、一つひとつ解決していくことも大切である。

4.3　訓練計画の作成

ここでは、高齢者福祉施設で夜間に火災が発生した場合を想定した訓練計画を作成するにあたっての注意事項を記載する。

4.3.1　行動の基本方針の徹底
訓練計画の策定にあたっては、以下の基本方針を徹底することが必要である。
①　水平避難
避難はその階の安全な水平避難場所までとする（階段は使わない）。
②　職員同士の協力体制
一人でできることには限度があるので、火災階にできるだけ多くの職員を集める。役割分担、責任の所在を明確にするためリーダーを設定する。
③　火災室以外の対応
居室を含めて各室の廊下などに面した扉の閉鎖と廊下などの排煙設備の作動が前提であるが、火災室以外の入居者は一時その部屋で待機させる。

4.3.2　訓練の目的と評価尺度を明確にする
①　目的の記述内容
訓練の目的は簡潔にわかりやすく実現可能な範囲で書かれていることが重要である。
- ・　火災図上演習
施設の課題や疑問を洗い出すための訓練、新人を含めた職員の教育を兼ねた訓練。
- ・　部分訓練
部分的な対応行動の習熟のための訓練、例えば、消火器など設備の使い方の訓練。
- ・　全体訓練
火災発生から消防隊への引き継ぎまでの一連の対応行動の流れを理解させるとともに、目標時間内に必要な対応行動を全て行えるか、対応行動の習熟度合いはどの程度か、各自の役割は全て果たしたかなどを確認し、火災図上演習につなげて更なる改善を図るために行う訓練。
②　訓練目的別の参加者の設定
目的に応じて訓練参加者を決める。
- ・入居者を参加させた訓練
- ・入居者を参加させなくてもできる訓練

第4章　実行動訓練マニュアル

・職員個人の訓練

・組織としての訓練

・近隣住人が参加した訓練

③　訓練の成否の評価尺度として行動所要時間を測る

　火災発生時に行わなければならないことを明確にし、その行動を完了するまでの目標時間を設定し、測定した行動所要時間と比較して、シナリオの改善や次回訓練の目標に反映する。

④　反省事項を明確にするために訓練の記録を必ず残す

　訓練後は必ず反省会を行い、所定の対応行動が行われているか、その行動は目標時間にできたか、その他反省すべき点、改善すべき点などを確認し、記録に残す。ある行動が省略された場合には、その理由を確認して、シナリオの改善や次回訓練の目標に反映する。

　また、時々、訓練参加者にアンケートを実施すると、訓練内容や対応行動の改善に有効である。訓練参加者用アンケート案（P.109〜P.110参照）などを参考にするとよい。

4.3.3　訓練計画の策定に際して検討すべき要素

　訓練計画策定の際に検討すべき要素としては、下記のものがあげられる。

・　**目的**

・　**訓練参加者**

　施設職員と関係者、入居者、消防機関、施設周辺住民、新規採用職員や異動職員、全職員、協定を結んでいる他の施設。

・　**時間**

　想定時間帯（昼間、夜間）、季節（夏、冬）。

・　**空間**

　想定出火場所、避難空間（階、エリア）。

・　**訓練項項目**

　通報訓練、消火訓練、避難訓練、防火・避難のための設備や施設の取り扱い訓練、総合訓練、その他。

・　**訓練目標時間（目標時間の設定）**

　火煙の拡大により危険になると想定される時間（目標時間）を訓練目標時間として設定する。

　訓練計画の策定にあたっては、上記全ての項目の組み合わせの検討を行う必要は無く、施設の実情と照らし併せて、現実的に可能ないくつかの訓練を実施する計画を作る。

4.3.4　年間計画の立案

① 　**訓練対象**

　自分の施設の勤務体制の実態、職員の異動や技術の習得の観点などから、年間の訓練内容と訓練回数を設定する。施設で働く職員には、介護士、看護師、相談員、栄養士、事務員などがおり、その他に警備員など委託業者の職員がいる場合もあるので、これらの人たちが適宜参加できる訓練計画を作成する（P.96参照）。

　この場合、部分訓練、全体訓練、ＦＩＧ（火災図上演習）を計画的に実施することが望ましい。

② 教育計画

　訓練に先立って訓練の各内容に関して事前に周知や教育が行われていなければならない。知識が無いまま訓練を行っても効果が得られない可能性があるので、年間計画には、適時、教育や周知に関する計画を入れる（P.96参照）。

　必ずしも、高齢者福祉施設の防火教育に関する教材や教育システムが充実していない現在、ＦＩＧ（火災図上演習）等の手法は、参加者の間で問題点を洗い出すための教育としても役立つものである。

4.4　全体訓練の訓練項目

　以下に「全体訓練」の訓練項目、基本項目を示す。これらの項目の内容については、施設の実情に応じて異なる可能性があり、それに応じて訓練項目自体が変化することもある。

① **火災の覚知、火災場所の確認と職員の火災階への集合**
　・自動火災報知設備受信機の表示項目の確認、操作訓練
　・受信機で自動火災報知設備が作動した区域を特定する訓練
　・火災通報装置を用いて通報する訓練（人手が少ない施設の場合は省略可能）

　火災通報装置（図4.3参照）を使用した通報訓練は、特に夜間に管理室等（自動火災報知設備受信機や火災通報装置が設置されている部屋）で勤務する職員には必要である。この訓練の際には、関係する消防機関に事前に連絡する必要がある。
・非常放送設備の使い方の訓練
・夜間の職員間の連絡訓練
・消火器を持って火災階に集合する訓練（階段室の扉の閉鎖）

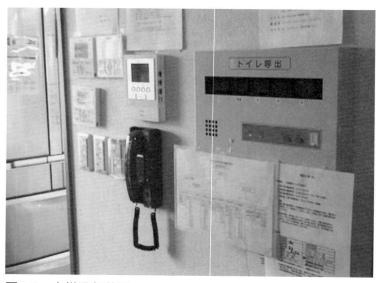

図4.3　火災通報装置

図4.4　居室の名札
（避難時には名札を下に落とす：外す）

第4章　実行動訓練マニュアル

②　初期消火と火災室内要救助者の救出及び火煙の閉じ込め
・消火器を携え、出火箇所を探す訓練
・職員の中でリーダーを決め、行動内容を指示する訓練
・火災場所確認後の、大声で「火事だー！」と叫ぶ訓練
・火災室内の要救助者を室外に救出する訓練
・消火器による消火訓練
・消火失敗時、不明時の対応訓練（火災室の廊下側開口部の扉を閉鎖して火煙を閉じ込める訓練）

③　火煙の拡大の遅延等
・火災階の全居室の廊下側開口部の閉鎖訓練
・バルコニーに出られる居室については、バルコニー側出入口の解錠訓練（上記閉鎖訓練と併せて行う）
・居室で一時待機する訓練（廊下側開口部が閉鎖され火煙の浸入遅延が図られた居室に入居者を一時待機させる訓練）
・在室者の確認訓練（上記待機訓練と併せて行う）
　避難時の確認の重複を避けるために、在室チェック時に名札を下に落とし（はずす）たり、扉に磁石の付いたプレートを貼り付ける工夫などが望ましい（図4.4参照）。
・廊下や共用部の排煙設備の作動操作訓練
・階段室の防火扉の閉鎖・確認訓練

④　トイレ等の検索
・自分の居室以外のところにいる入居者を探し、自室又は最寄りの居室で待機させる訓練

⑤　水平避難
・　バルコニーが使える場合
バルコニー側から入居者を救出する訓練（火災室に近接した2〜3室のみでもよい）
・　バルコニーが使えない場合
　火災階の階段室直近の一時退避場所に火災階の全入居者を避難させる訓練
・　入居者全員及び在館職員の安全を確認する訓練

⑥　消防隊への引継ぎなど状況の報告
・消防隊到着時の解錠と状況報告の訓練
・消防隊の指示に従って行動する訓練

4.5　訓練の準備

①　防火管理者（訓練統括者）が訓練計画を作成
・施設の実態と訓練シナリオの整合性を確認する。
・実際の夜間の体制で訓練するためのチームを編成する。
　測定者および記録者、評価者を指名する。記録者は、P.100に示すような訓練開催記録を作成する。
・訓練内容については、消防機関と打ち合わせ、実際に通報装置を作動させてもらえるようにし

ておくとよい。また、大きな訓練の場合には関係施設や部署への連絡をしておく。

② **参加者と役割分担**

　入居者は、訓練の目的に応じて可能な限り参加させる。

・訓練シナリオに従い、「火災発生」のボードを設置する係、自動火災報知設備を作動させる係、防火扉1枚を開放しておく係、廊下などに入居者1名を出す係、トイレに入居者を配置する係、居室が危険になったと合図する係、消防隊役を演ずる係（消防隊が訓練指導に来てくれる場合は、消防隊にお願いする）、チェック係（各訓練者にそれぞれ担当者を割り当て、業務の遂行の有無、業務完了の時間等を記録する）など、必要な訓練補助者を決める（次に訓練を行う者を、同じ役割のチェック係に指名するとよい）。

・同じく、訓練シナリオに従い、ダミー役（火災室の要救助者、トイレで取り残される入居者、廊下などに出て来る入居者及び危険想定室の入居者など）を決める。

・火災発生場所を決める（訓練のたびに火災発生場所を変える方がよい。夜間は厨房などより、たばこの火の不始末、放火、漏電等により居室など火気のない場所で出火することが多いことに留意する）。

③ **目標避難時間の設定**

・3.2.6（**P.17参照**）に基づき「目標避難時間」（目標時間）を設定する。簡単のために、以下の値を用いてもよい。

　居室等、火煙を閉じ込めることができる場所で火災が発生した場合、自分の施設の壁や天井などの内装が可燃性または大量の可燃物がある場合、火災室は2分、廊下は3分、火災室以外の室は4分。内装が石膏ボードなどで家具等の可燃物が少ない場合、火災室は4分、廊下は5分、火災室以外の室は6分。

　廊下などに面した扉のない場所で火災が発生した場合は3分。

④ **訓練内容の確認**

・火災時の行動（経過時間表）（**P.98～99参照**）を作成する。

　訓練を行う各職員の行動をフローチャート化しておくと、各人が流れを理解しやすく認識を共有しやすい（**図4.5参照**）。

・訓練前に、火災が発生した場合の一連の行動内容を作成し、参加者全員に周知する。

　教育を兼ねてFIG（火災図上演習、**第5章参照**）を行い、必要な行動を最短時間で行うための作戦を職員全員で考えることが望ましい。

4.6　全体訓練実施の具体例

　図4.5に職員3人体制で、扉のある室で火災が発生した場合の基本的な全体訓練の例を示す（**P.98～99参照**）。

① **火災の覚知、出火箇所の確認と消防機関への通報、職員の火災階への集合**

ⅰ　想定火災発生場所に「火災発生」と大書したボードを置き、ここで火災が発生したことにして、自動火災報知設備を鳴動させる（訓練スタート）。

ⅱ　自動火災報知設備受信機の直近者が受信機で火災発生ゾーンの位置を確認。

第4章　実行動訓練マニュアル

図4.5　各職員の訓練行動フローチャートの例

iii　通報装置の押しボタンを押して消防機関へ通報（人手が少ない場合は省略可能）。
iv　非常放送で火災階の職員に火災確認を指示するとともに、他の職員の火災階への集合を指示。
v　全職員、消火器を携行して火災階へ駆けつけ（この際、通過した階段室の防火扉は全て閉鎖）。
vi　火災確認（「火災発生」と書いたボードを発見）。
vii　火災を発見した職員は「火事だー」と大声で3回叫び、他の職員は火災室に集結。

② **初期消火と火災室内要救助者の救出及び火煙の閉じ込め**

ⅰ 要救助者の搬出（居室で火災が発生している場合は当該居室の入居者全員、それ以外の室の場合は入居者一人を要救助者とする。必要ならダミーを配置する）。

ⅱ 火炎高さが腰の高さ以下であることを確認し、携行した全ての消火器により初期消火（模擬動作）。

ⅲ 火災室の廊下などに面した扉の閉鎖。

③ **火煙の拡大の遅延等**

ⅰ リーダーは、火災室近辺の廊下に位置し、職員の行動、火災室からの火煙の噴出及び入居者が廊下などに出て来ることを監視。

ⅱ 火災階の全居室のバルコニー側出入り口の解錠と廊下などに面した扉の閉鎖。

ⅲ ⅱが終了した時点で、リーダーは携帯電話で消防機関に通報し、現在の状況を報告。

ⅳ 廊下などの排煙（火災室に最も近い排煙設備の作動又は排煙口の開放）。

④ **トイレ等の検索**

ⅰ トイレなど居室以外の未施錠の室に人がいないか確認（トイレに入居者一人をダミーで配置し、発見したら自室又は最寄りの居室に戻させる）。

※ 未確認の部屋が残らないよう、リーダーが他の職員に指示する等によりサポートすること。

ⅱ 火災階の全階段室の防火扉の閉鎖を確認（駆けつけに使わない階段室の防火扉を１枚開けておき、発見して閉鎖させる）。

ⅲ リーダー以外の職員は、ⅱまでの作業が完了したらリーダーに報告し、その後近くで指示を待つ（全員が報告した時間を「完了時間」として記録する → 訓練終了後に「目標時間」と比較する）。

ⅳ ⅲが完了した時点で入居者１名（ダミー）を廊下に出し、リーダーはそれを発見次第自室に戻させる。

⑤ **水平避難**

ⅰ 訓練補助者の「火災室に隣接する居室に危険が迫った」との合図（③ⅱ完了後に行う）を受け、全員で当該室に入り、廊下側の開口部を閉鎖したあと、その室の入居者全員（訓練参加不能者についてはダミーを設定）をバルコニーに避難させる。

ⅱ ⅰ終了後、バルコニー伝いに次に危険になると考えられる隣室に入り、入居者のうち一人をバルコニーに避難させる。

⑥ **消防隊への引継ぎなど状況の報告**

ⅰ ④ⅱ終了後、「消防隊到着」の合図をし、リーダーは出入口に移動して解錠し、消防隊に状況を報告する。

ⅱ リーダー以外の職員は、隣室の入居者をバルコニーに避難させる行動を継続する。

ⅲ 消防隊の指示により、これらの作業を終了する（訓練修了）。

ⅳ 時間があれば、チーム編成を変えて、同じ訓練を行う。

第4章　実行動訓練マニュアル

4.7　訓練終了後

　訓練が終了したら、忘れないうちに参加職員全員で反省会を開き、必要な行動が目標時間内に全て完了したか、改善すべき点は何かなどを考える。必要な行動の実施の有無や完了時間の確認には、付録のチェックリスト（P.101〜103参照）を用いる。

・　**訓練時間が目標避難時間をオーバーした場合**

　訓練の所要時間が目標避難時間をオーバーした場合、まずは同じシナリオで何度か訓練を繰り返す。これは、最初のうちはシナリオに不慣れなため、時間がかかることが多いためである。しかし二度、三度…と繰り返しても避難所要時間が目標避難時間以内に収まる見込みがなければ、職員の増加やハード面の増強など何らかの改善が必要になる。

　訓練を行う職員の行動内容や動線の改善、現場に駆けつける職員数の増加等、「職員の行動や数を変えること」で対応できる場合は、対応行動計画を検討しなおす。対応行動計画の改善には、**第5章「火災図上演習（ＦＩＧ：Fire Image Game）マニュアル」**を参考に、火災図上演習を用いて検討するとよい。施設の状況によっては、本誌の基本戦術とは異なるシナリオを採用せざるを得ないこともあるかも知れない。いずれにしろ、訓練で明らかになった問題点は、可能な限り次回の訓練までに改善することを目標にする。

・　**課題解決が困難な場合**

　「職員の行動や数を変えること」だけでは課題解決が困難な場合は、施設の改修や様々な設備の導入など、建物のハード面での改善が必要になることもある。改善すべきハード面の事項については記録しておき、改修や模様替えなどの機会に改善を図るとよい。

　訓練を繰り返した結果、「完了時間」が「目標時間」内に収まるようになれば、別のシナリオの訓練に進む。

【別のシナリオの例】

　基本的には「最も発生確率の高いシナリオ」と「最も発生して欲しくないシナリオ」を行う必要があるが、そのほかに、下記に示すシナリオが考えられる。

・自動火災報知設備の鳴動がなく、見回り中に火災を発見した場合
・火災発生場所が火災確認をする者からより遠い場合
・火煙を閉じ込めることができない場所で火災が発生する場合
・火災図上演習（ＦＩＧ）や実訓練の中で、「ここで火災が発生したら対応困難」と気づいた場所で火災が発生する場合

　別のシナリオでも、同様に訓練計画を作成し、実訓練、チェック・改善を繰り返して、様々な状況でも対応可能な体制を作る。

第5章　火災図上演習（ＦＩＧ：Fire Image Game）マニュアル

5.1　本マニュアルの適用範囲

　本マニュアルは、高齢者福祉施設・住居に限らず全ての用途の建築物に適用できる。ここでは、比較的小規模なグループホームなどの具体的な事例に沿って、ＦＩＧ（Fire Image Game）にあたって準備すべきものや進め方について述べる。
　このマニュアルは、以下のような目的にも活用できる。
・各施設固有の特徴を取り入れた火災時の基本的行動の確認と実態に即した見直し。
・作成した消防計画の詳細を職員間で共有し、施設毎の火災時に対応する職員の行動戦術を把握。
・ＯＪＴ（注）教育を通じた職員の防災意識改革。
・短時間で複数の条件の火災を体験し、失敗の原因の探索。
・定型的に記述された消防計画書の見直し項目の発見。
・個々の火災対応行動の意味を理解し、緊急時に単独でも適切に判断できる人材の育成。
・実際の消防・避難訓練に向けた実施手順の想定と詳細な訓練計画の立案や工夫。
（注）ＯＪＴ
　On the Job Trainingの略。日常の業務の中で必要な教育：この場合は、火災時の対応についての施設の基本方針などの防火教育を行う。

図5.1　ＦＩＧ（Fire Image Game）

図5.2　グループワーク風景

5.2　火災図上演習（ＦＩＧ）に際して、念頭に置くべき事柄

　このマニュアルでは、ＦＩＧを、高齢者福祉施設などで職員が少ない夜間に火災が発生した場合に、職員が優先して取るべき対応行動を臨機応変に手際よく実現する「知恵＝頭の対応力の強化」を目的とした教育ツールとして、また、行動を伴う防火・避難訓練の計画策定の一手段として位置付ける。

　これらの「頭を鍛える」訓練によって、訓練参加者全員の知恵を活用し、一人では気が付かなかったことにも配慮し、行動のメリット・デメリットをよく考え、問題の本質を把握し、役割分担などを円滑にする対応行動をとることが可能となる。

　また、ＦＩＧのもう一つの大きなねらいは、職員に火災時の避難行動には限界時間があることを認識させ、職員の避難支援行動が避難限界時間内に収まるようにすることの必要性を理解させることである。

　高齢者福祉施設で火災が発生した場合の基本戦術は**第３章「夜間火災時の防火・避難マニュアル」**に記述されているが、必ずしも個々の施設の固有の問題全てに対応しているわけではない。ＦＩＧを行うことを通じて、施設の防火上の問題点の把握と施設に適した基本戦術の構築、それに対応した訓練手順を作成することができる。

5.3　火災図上演習（ＦＩＧ）の際に準備すべきもの

5.3.1　グループ分けと机の配置

　訓練参加者に名札を着用させ、参加意識を植え付ける。参加者が多い場合はグループ分けを行う。あまり多いと、何も発言できず手持ち無沙汰になる人が出てくるので、できれば６〜７人、最大でも10人程度に抑えるとよい。図5.2に示す様にグループ毎に島状に机などを配置する。

5.3.2　ファシリテーターの指名

　ファシリテーター（英語：facilitator／熟達者）とは、参加型ワークショップなどにおいて、議論に対して中立な立場を保ちながら話し合いに介入し、相互理解に向けて深い議論がなされるよう議論を調整する役割を負った人である。ファシリテーターが参加者の立場も兼ねる場合もあり、参加者（＝プレーヤー）から進行役として選ぶこともある（図5.3参照）。

・　**該当者**

　ファシリテーターは進行管理を担うので、可能であればグループワークで扱われる内容に詳しい人が務めることが望ましい。ＦＩＧはＯＪＴ教育の側面もあるので、過去にＦＩＧ訓練を行ったことのある職員がファシリテーターを行ってもよい。

・　**役割**

　ファシリテーターはゴルフにおける「キャディ」の役割に近いということもできる。指導者ではないので、プレーヤーに口出しすることは自重し会話のきっかけを与えて、進行をスムーズに進めることが主な役割である。グループ内で役割分担が決まらない場合の誘導や、議論の方向性がおかしくなったとき、グループワークで進行に詰まったときなどにアドバイスを行う。その場合も「こうしたほうがよい」と直接的に教えるのではなく、「こんな視点でみたらどうなるか」と論点を提示し、プレーヤーの想像力を引き出すように「その行動がどんな結果をもたらすか」を参加者に問い返す。

　特に非正規職員が多い職場では、短時間で施設の内容を理解し訓練の全段階まで理解されるよう努力しなければならない。

5.3.3　平面図と周辺地図の準備

　施設の各階平面図や周辺地図を準備する（図5.4参照）。

　小規模なグループホーム等では１／50のスケールがＦＩＧに適している。ベッドと壁の隙間を車いすが通り抜けられるかどうかなどを、具体的にイメージできる寸法である。大きな施設の場合は１／100でもよいが、図面には少なくとも入居者の室と共用エリアや事務室の他に、階段やバルコニー、廊下が表現されていることが必要である。また各室の扉の他に非常時に閉鎖する防

図5.3　ファシリテーターによる役割分担のアドバイスの状況

第5章　火災図上演習（ＦＩＧ：Fire Image Game）マニュアル

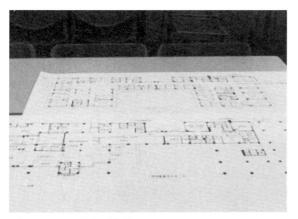

図5.4　平面図の準備

図5.5　模型と周辺地図の上に平面図を活用した例

火扉なども記入されている必要がある。

　敷地周辺地図は、市販地図でもよいが、グーグルマップの航空写真などを用いてもよい。グーグルマップは拡大していくと、家の形まで識別できるので、これを印刷したものを、1／50の縮尺となるようコピー機で拡大率を調整し、張り合わせればよい。カラー印刷するとリアリティが増す。建物内の職員や入居者の動きを見るだけでなく、周辺状況の地図も使用することで、隣家からの類焼の危険性の把握や一時避難場所に消防隊の救援が可能なのか、避難後の屋外での集結先の確保の必要性など、検討すべき課題がよりクリアに可視化できる。

　周辺地図を含め建築物の平面図は、スチレンボードなどに貼り付けると使いやすい。

5.3.4　ＦＩＧキット（模型など）の準備

　少なくても各階の人数分の職員や入居者の模型および火災発生場所（火源）、煙、消火器等の模型が必要である。

　演習時、平面図の中にこれらの模型を配置させるので、模型の大きさは平面図の個室内に収まるようなサイズが望ましい。また、職員や入居者の模型には、それぞれの氏名を貼り付けると、行動のリアリティが増す（介護対象者の顔が想像できる）。

　職員の数は、夜間3人の体制をとっているならば3人分の模型を用意する。火元に設定した場所に火源の印を置き、消火器の模型も所定の位置に配置しておく。

　また、煙の拡散状況が時間軸に沿って分かるように、煙の広がった状況を示す透明なビニール（色付きのものがよい）を平面図の上に載せてマジックインクで時間の経過とともに煙の拡散範囲を示すと、煙に遮られ通行できない場所と職員の活動可能な場所がイメージしやすくなる。

　図5.5に示す模型などのキットの材料は画材屋や大手雑貨ストアで容易に入手できる。図面と同じく、1／50縮尺で作られた人体模型と、盤となる厚手のスチレンボード（3〜5㎜・厚程度）Ａ2判ぐらいのサイズをそろえる。火災発生場所（火源）、消火器、職員、入居者等の模型は図5.6に示す様に、マグネットや付箋などでも代用可能である。ただし、出火室や職員でマグネットの色を分ける。

　図5.6に示す平面図の台紙になっているスチレンボードは、専用のスチのりを使うと接着性が

図5.6 利用者の模型（マグネット）を平面図の中に配置した例

よい。平面図を貼り付けて、適当な大きさにカットして使用する。スチレンボードの余りは人体模型の台座として約2cm角の大きさにカットして使用する。

5.3.5 時間チャートの準備

　ＦＩＧの第１ステップとして、火災が発生した場合に施設職員として行わなければならないことのイメージを全員で明確に共有する必要がある。このため、ＦＩＧに先立って入居者や職員の日常行動が解る時間チャートを作っておく（P.104参照）。時間チャートの記載例を表5.1に示す。

　時間チャートは、縦軸に一日の生活時間を、横軸に火災発生からの時間経過をとるように作成する。火災発生直後は秒、分単位で事態が進行するが、消防隊の消火作業が終了した後、入居者の収容先を探し、搬送し、後片付けをして修繕に取りかかるなど、時間単位、日単位、週単位で行わなければならないことが出て来る。このようなことを時間チャートに書き込む中で理解するためには、火災直後は細かく、時間が経つに従って大まかに記述できるようなチャートを作成しておく必要がある。

5.4　火災図上演習（ＦＩＧ）の進め方と記録の保存

　グループ内での決めごとや話し合いは、基本的にはファシリテーターを除く参加者同士で行う。

5.4.1　グループ人数とファシリテーター
　最大10人程度を１グループとし、各グループにファシリテーターが１人付く。

5.4.2　役割分担
　役割としてはファシリテーター、進行役、記録役、火と煙の役、職員役、入居者役などがある。参加者同士で分担する。

第5章　火災図上演習（ＦＩＧ：Fire Image Game）マニュアル

図5.7　ファシリテーターと参加者の話し合いの状況

5.4.3　条件の設定と時間チャートへの記入

　第3章「夜間火災時の防火・避難マニュアル」で夜間の火災時の基本的な職員の行動が記述されているので、それを参考にしながら、予め、グループ内で訓練の条件を決めておく。火災発生の季節が冬なのか夏なのかで入居者の衣服や避難状況が異なってくる。火災発生時刻が夜間なのか日中なのか、火災発生場所が煙の拡散しやすい場所なのかそれとも2方向に避難することが可能な場所なのかなどによって職員の対応行動は異なってくる。また、スプリンクラーの作動・非作動等もあげられる。これらの条件を参加者が議論して決めることが必要である。このこと自体が多くの「気づき」を生み、参加者にとっては有意義な経験となる。

　まず、時間チャート（表5.1参照）に、ＦＩＧにおける火災の発生時刻を設定する。通常の業務のどのような行為を行っている時に火災が発生し易いかなどを、参加者が議論して設定する。次に、火災発生時刻に各入居者と職員がどこで、どのような行動をしているのかを想定し、時間が経つに従ってどのような問題が発生するのか参加者同士で話し合いながら記入していく。ＦＩＧを行う前に予め決めた条件によっては臨機応変な対応ができなくなる場合も生じることがある。ＦＩＧ中に困った場合は、条件を修正して再度ＦＩＧをやり直す柔軟さも必要である。

　ＦＩＧは、火災直後の避難対応が主な目的ではあるが、時間チャートへの記入は、消防隊が到着し鎮火した後も職員の仕事は終わらないことに気づかせるのにも有効である。鎮火後の職員の業務としては、例えば、消防機関の火災調査や、警察の任意事情聴取、火災保険の請求事務、入居者の家族への連絡や応急生活の場の確保などがある。火災が発生すると、鎮火後にこれらのことが起きることに気づき全員で共有できれば、予め対応策を考えておくことができる。

　このように、時間チャートは、事後対応だけでなく、危機的状況を前提として事前対応として必要なことを考えるにも有効なツールである。

① 　火災発生時刻の想定

　出火時刻を設定する。時間チャートをもとに、3パターンぐらいの出火時刻ごとにどんな状況になるかをグループごとに設定する。

　例えば、深夜4時半〜5時半の間に倉庫で出火と想定すると、職員は廊下や居間で仮眠中、入居者は全員就寝中で全員自力歩行は不可となる。

② 　出火場所の想定

表5.1　時間チャートの記載例

出火を冬期午前2時とする。

冬期／夏期	出火後経過時間				
	3分	30分	300分 （5時間後）	3,000分 （約2日後）	30,000分 （約3週間後）
0時					
1時					
2時	避難終了	消防活動			
3時					
4時					
5時					
6時					
7時			鎮火		
8時					
9時				復旧開始	
10時					
11時					
12時					
13時					
14時					
15時					
16時					
17時					復旧修了
18時					
19時					
20時					
21時					
22時					
23時					

※　冬期または夏期の何時に出火したら、経過時間ごとにどんなイベント（不都合）が起きるか、考え、記入していく。トータルで見て最も不都合なケースを選択する。

第5章　火災図上演習（FIG：Fire Image Game）マニュアル

図5.8　役割分担後のグループワークの様子

　出火場所は「どこで出火したら最も危険か」を考えて設定する。スプリンクラーはたまたま作動しなかったという条件で検討する。最も危険な出火場所については、例えば、最も避難動線が長くなるような位置（避難時間が長くなる位置）や煙が発生したらその階に拡がりやすく最も影響が大きな位置、最も火災が発生しやすい位置などを検討する。このような話し合いを行うことで、自分たち自身で施設の防火上の弱点を確認できるし、弱点をついた火災が起こらないようにメリハリのついた防火対策をして行こうという意識の向上も図られる。

③　避難限界時間の算定
　第3章「夜間火災時の防火・避難マニュアル」の中で避難限界時間の算定方法が記されているので、これに従って算定する。

④　煙の拡大による活動範囲の限界
　煙が時間経過とともに拡大し、さらに床近くまで降下してくると、職員も活動できなくなるが、FIGでは、火災空間とつながる廊下や共用室は、それぞれの空間の避難限界時間までは普通に活動でき、限界時間になると全く活動できなくなる、と単純化して考えるとよい（即ち時間経過とともに活動範囲は狭まる）。また、健全な職員の歩行速度は1m／秒とし、自力歩行可能な入居者の歩行速度は0.5m／秒とするなど、できるだけ単純化した想定で行うとよい。

⑤　扉の開閉及び施錠状況の確認
　個室から廊下、個室からバルコニーなどの扉の開閉状態、施錠状態を設定する。

⑥　出火時刻に応じた職員や入居者の配置
　職員や入居者の配置は、なるべく実際に近い状況を設定する。例えば特別養護老人ホーム等では、夜間の徘徊などに備えて、個室ではなく共用部周辺にベッドを並べて就寝させることもある。また、夜間の入居者のトイレ利用時に職員が付き添わなければならない場合などがある時は、火災発見や避難行動にとって厳しい条件に配置する。
　参加者の話し合いの中で入居者が個室にいる配置しか考えていない場合は、ファシリテーターは施設の実情を聞き取り、実態に合わせて職員や入居者を配置するようアドバイスする。

5.4.4　図上演習の実施（模型の移動と施設の弱点の発見）
　出火場所の想定、避難方法等については、FIGキットを用い、それぞれ担当を決めて職員の

模型を配置し、出火後は時間経過と共に職員の一連の行動を再現する（**図5.9参照**）。これを何通りものパターンを想定して行ってみて、その中で最も避難に不利となる出火点を見つけ出し、その場合の最適な職員の配置や行動を考えたりする。平面計画によっては、職員が駆けつける通路部分などの火災が最も厳しい条件となる場合がある。

　第3章「夜間火災時の防火・避難マニュアル」では、夜間火災発生時における基本的な行動として次の①〜⑥の行動が記述されているので、基本的にはこの順番に模型を動かす。

①　火災の覚知、火源位置の確認と消防機関への通報、職員の火災階への集合

　自動火災報知設備（感知器）が作動した場合は、受信機で火災発生場所を確認し、すぐに最も手近な火災通報装置のボタンを押して消防機関に通報する（時間を取られるので、１１９番通報はせず、確認電話にも出ない）。放送設備などで他の職員に連絡し、職員は火災階に集合する。

　見回り中など感知器の作動前に火災を発見した場合は、「火事だー」と大声で叫びながら、火災室からの救出、消火器による消火、火災通報装置の押釦、他の職員への連絡などを行う。順序は状況による。

②　初期消火と火災室内要救助者の救出及び火煙の閉じ込め

　消火器により初期消火を行う。ただし、無理に消火活動を続けず、火煙の拡大防止を優先させる（職員自身の安全も考慮）。

　消火と並行して、火災室（火災室が居室の場合）内に取り残された入居者等を火災室から救出し、火災室と廊下などの間の扉を閉鎖する。

③　火煙の拡大の遅延等

　火災階の全居室（ユニット型の場合は火災となったユニットだけでよい場合もある）の廊下などに面した扉を閉鎖（しているのを確認）する（バルコニーに接している居室については、バルコニー側出入口の解錠も合わせて行う）。階段の扉を閉鎖する（同一階、上階への煙の拡大・伝播を防ぐ）。

　廊下や共用部の排煙設備（排煙窓など）を作動（開放）させる。

④　トイレ等の検索

　自分の居室以外のところに出ている人がいないか、トイレ等無施錠の部屋を検索し、自室又は最寄りの居室に戻す。

⑤　水平避難

　状況に応じ、火災室近くの居室の入居者を、消防隊が到着するまで安全に退避できる場所（施設の置かれている状況を考えると当該居室に接するバルコニーが最もよいが、冬季で積雪のある場合やバルコニーがない場合は屋内階段の前室等）に水平避難（階段を使わず同一階の安全な場所に避難すること）させる。

　バルコニーに接している居室の場合、廊下などは使わずバルコニー伝いに入居者を順次バルコニーに避難させるとよい。③でバルコニー側の出入口を解錠する大きな目的はこのためである（消防隊の救助を容易にするためもある）。

　なお、スプリンクラーの奏効率を考えれば、要介護度の高い入居者についてはできるだけ居室に留めておき、火煙が居室に進入して避難の必要があると判断した時点でバルコニーに救出する、などの戦術も考えてよい。

第5章　火災図上演習（ＦＩＧ：Fire Image Game）マニュアル

図5.9　グループワークの様子
（職員模型を平面図内で移動）

⑥　消防隊への引継ぎなど状況の報告

　建物の状況、出火場所、入居者・職員の人数、避難、負傷者、排煙などの状況を報告する。

　上記の一連の行為の選択に対してグループ内の他の参加者はそれでよいのか意見を出す。

　担当者がある選択をしたときに、「それが悪い結果を及ぼさないか」、グループ全員で指摘しあいながら訓練を進める。このとき、参加者が、避難に重大な影響を与える煙の拡大を考慮していなかったり、火や煙で廊下などが使えないはずなのに利用していたりする場合は、ファシリテーターから指摘する。

　このようにして訓練を行っていく中で、火災室の扉を閉めた後の煙漏れを防止するためにガムテープで目貼りする提案、居室から入居者を出したときに表札の名札を落として避難完了者／未完了者を判別する工夫、煙が充満した中に再度職員が進入しないように決められた磁石をつける工夫等、参加者が自ら様々なアイデアを出すようになる。ファシリテーターはそれらの活発な意見を出来るだけ引き出すように訓練を進行する。

　自動火災報知設備や防火扉など施設の現状がわからないまま議論が進んだり、事実誤認により意見の衝突が生じたりした場合は、ファシリテーターはそのときには説明せずに、議論が一段落した時点で施設の現状を問いかけるなど、参加者自ら現場を確認するよう誘導する。

　ファシリテーターは答を教えず、多少のアイデア、アドバイスを提供するくらいにして、職員同士で話し合って、どこに自分の施設の弱点があるのか、どうすべきなのか、自ら気付くよう誘導することが望ましい。

5.4.5　議事録・活動記録の作成

　記録は、グループワークの中で記録係の者がつける。記録する内容は、出火場所、出火時刻、職員の一連の行動（どこに避難させたかまで）、グループ内で意見が分かれた項目、その場合どのように選択したのか、その理由等である。

　また、職員の行動が**第３章「夜間火災時の防火・避難マニュアル」**の基本行動シナリオから見て問題があるかどうか確認し、問題がある場合は、施設固有の戦術を検討し直すことも必要である。

　グループワーク後、各グループ進行役がファシリテーターや全員の前で検討内容をまとめて報告する。

図5.10 グループワーク後の進行役の報告　　図5.11 ファシリテーターによる活動の講評

一方でＦＩＧはＯＪＴ教育の側面も持っており、下記項目などに関する教育効果も大きい。
・リーダーに必要な意識を理解する
・部下統率力、対応力を磨く
・管理者の立場と役割を理解する

5.5　火災図上演習（ＦＩＧ）の検討結果の検証

　図上演習では火災時の行動戦術の作成や対応体制の問題点と改善策などは指摘できるが、その結果をベースに構築された一連の行動が目標避難時間以内に完了するかどうか等までは確認できない。したがって、図上演習で得られた行動戦術について、実空間で実行したときに問題がないか確認し、目標避難時間を超えるなど問題が生じるようであれば修正する。

5.5.1　実地確認（検討内容の確認）

　グループワーク後、5.4.5の記録をもとに、参加メンバーで想定した出火場所などについて、順次、実地確認を行い、以下のような問題が生じないかチェックする（図5.10、図5.11参照）。
(a)　避難上有効な内容になっているか
(b)　具体的に踏み込んだことまで考えたときに問題はないか
(c)　入居者の安全が確保されるまでの時間が目標時間以内に収まりそうか
　(a)と(b)の確認には例えば付録のチェックリスト（P.105～107参照）を用いる。
　(c)に関しては、例えば以下の値を参照すると、より現実に近い時間を見積もることができる。
(ⅰ)　移動時間
　歩いて施設内を移動する際に係る時間は、職員は1秒／m、入居者は2秒／mとして、これらに施設内の移動距離（単位：m）を掛けて得た秒数を移動に必要な時間として見積もる。
(ⅱ)　車椅子の移乗時間
　避難誘導において、入居者を車イスに移乗する時に要する時間の一例を図5.12に示す。

第5章　火災図上演習（ＦＩＧ：Fire Image Game）マニュアル

図5.12　個室内の避難誘導に係る行為とそれらの平均時間の一例（計約80秒）

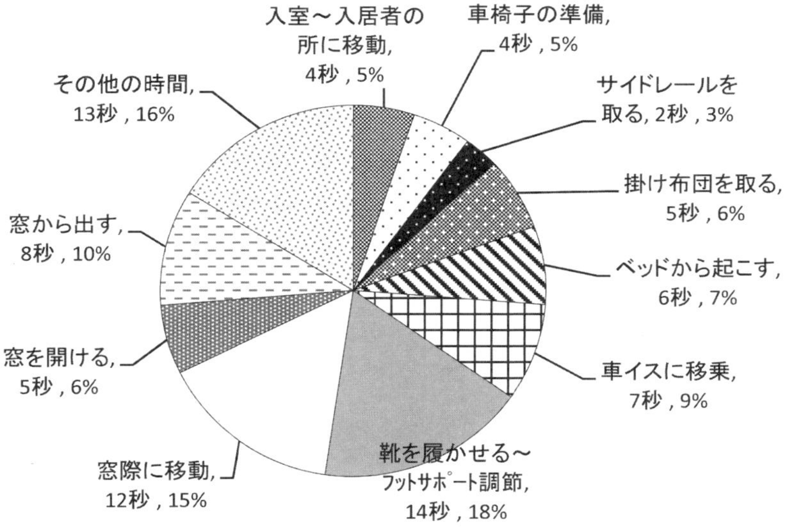

入室～入居者の所に移動, 4秒 , 5%
車椅子の準備, 4秒 , 5%
その他の時間, 13秒 , 16%
サイドレールを取る, 2秒 , 3%
掛け布団を取る, 5秒 , 6%
窓から出す, 8秒 , 10%
ベッドから起こす, 6秒 , 7%
窓を開ける, 5秒 , 6%
車イスに移乗, 7秒 , 9%
窓際に移動, 12秒 , 15%
靴を履かせる～フットサポート調節, 14秒 , 18%

⒤ⅰⅰ　**行動例**

　初期消火等の職員の各種の行動に要する時間の一例を図5.12に示す。

　この図は、ある特別養護老人ホームで、夜間の出火を想定して防火・避難訓練を行った際の時間を測定した結果である。この建物はユニットタイプの特別養護老人ホームであり、ユニット間に自動火災報知設備に連動して自動閉鎖する防火扉があるため、この訓練では職員自身の手で防火扉を閉めることはしていない。また、防火扉が閉まることで他のユニットへの煙の漏れをシャットアウトできると考え、他のユニットの入居者を避難させず、職員計4名で出火ユニットの入居者10名を隣のユニットまで避難させる手法を採用した。

⒤ⅴ　**防火避難訓練時の平均時間の例**

　図5.12は前述の特別養護老人ホームで防火・避難訓練を行ったときの結果である。職員が入居者の個室に入り、入居者をベッドから起こして車イスに移乗させ、窓からバルコニーに出すまでの行為とそれらの平均時間を示したものである。平均で一室当たり約80秒かかっており、**第3章「夜間火災時の防火・避難マニュアル」**に示した目標時間（最大10分）に対し占める割合も大きい。よって、入居者を車イスに移乗する行為は、火煙を火災室に閉じ込め、入居者をそれぞれの個室に退避させ扉を閉めるなどして、入居者の安全をいったん確保した後に行うべきである。

　これらの値を用いて、策定した火災時の行動戦術を実空間に適用したときに目標避難時間以内に入居者の安全が確保できるか確認する。

5.5.2　訓練結果の施設内への展開

　実地確認を行い実現可能か確認した後、検討を行った複数の行動戦術の中から、施設としての火災時の基本的な行動戦術とそれを確実に行えるようにするための実行動訓練で採用する行動戦術を決定する。

　ここで注意することは、ＦＩＧの際に複数のグループワークの検討結果が出され、それらが全

図5.13 職員の各種の行動に要する時間の一例

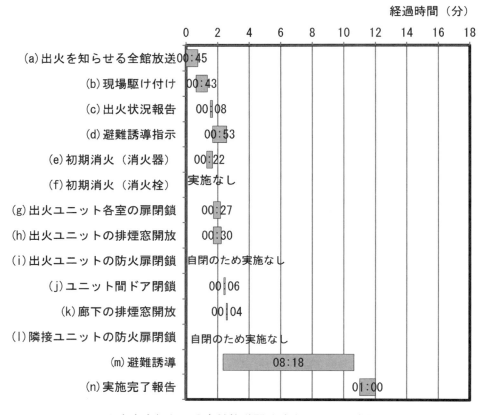

※出火を知らせる全館放送開始時をスタート時刻（00:00）とする

て、実地確認した結果がよい場合である。これは毎年の訓練結果においても同様で、前年の検討結果と異なった結果になった場合、どのように判断すべきか、注意が必要である。

判断の基準は以下のとおりである。

① **行動戦術の単純化**

実火災時には、判断するような行為は避けて、単純化した行動戦術が望ましい。

② **対応の統一**

同じ施設内においては、空間によってその対応を変えるべきではない。

③ **施設内での情報の共有化**

時間帯によっては職員数が大きく異なるので、対応が変わる。「対応が変わる」ということとその内容を職員全体が共有する必要がある。

④ **所轄消防との情報の共有化**

施設の行動戦術として決める際には、所轄の消防機関に相談する。

⑤ **防火技術の専門家への意見聴取**

施設内の検討で止まるのでは無く、防火技術者等の専門家（P.60参照）に相談し、内容に問題や偏りが無いのかチェックを受けることが望ましい。

第5章　火災図上演習（ＦＩＧ：Fire Image Game）マニュアル

　施設として選択すべき行動戦術としては、以下の２ケースのシナリオを基に訓練を行うことになる（第４章参照）。

(a)　「最も発生確率の高いシナリオ」

(b)　「最も発生して欲しくないシナリオ」

　この実訓練を行って問題がないと思われる行動戦術は、自施設の防火・避難の計画に取り入れるとともに、ＦＩＧにより得られた知見を実訓練の職員配置や職員の行動に反映し、火災に備えた対応体制の改善に繋げることが必要である。

　また、非常勤職員などが参加して順番に施設全員の職員がＦＩＧを実施することが望ましい。演習毎に得られた知見は演習に参加していない職員と共有するよう努めるべきである。

　また、施設責任者や防火管理者は、ＦＩＧや実訓練から得られた優れた改善方策があるなら、可能な限り実現するよう努めるべきである。

5.6　演習の効果

　第３章「夜間火災時の防火・避難マニュアル」により火災時の基本的行動や防火・避難の知識の習得を行い、その基本行動の意味を考えながらＦＩＧを行うことによって、施設固有の特徴も取り込んだ防火・避難計画の行動戦術の提案を職員自身が行えるようになる。

　この行動戦術を基に実際に訓練を行うことによって、その計画の問題点や実際の運用上の注意点を職員が把握することが可能になる。これらを積み重ねることで、その施設の固有の特徴も取り込んだ防火・避難計画の作成ができる。

① 　自施設の固有の特徴の把握

　高齢者福祉施設でも、施設の固有の特徴を踏まえて単純化された基本行動に限定し、第３章に従って施設内に展開することで、最低限の安全レベルの確保は可能になる。ＦＩＧは、「施設の固有の特徴を踏まえた上で（P.82、6.6.4参照）、職員が火災時の行動を自ら考える」ツールとして極めて有効である。

② 　リーダーの育成

　火災時には、当初考えていた火災の条件以外の事態が発生することも多い。ＦＩＧによるＯＪＴの教育により、何故、このような基本行動を取っているのか、その背景に隠れている本質的な意味は何か、などということを自ら理解することができるようになる。このことにより、「単純化された基本行動」を超え、その施設の固有の特徴を踏まえた行動戦術を構築することができるようになる。また、これらの演習・訓練によって防火・避難の施設内のＯＪＴ教育も同時に行うことができ、火災時にリーダーに必要な意識や能力が培われることになる。

　災害時には普通の人はパニック状態に陥ることが多いので、消防法で義務づけられた年２回の訓練だけで、選択が含まれる行為や複雑な行為を行うことを期待することは難しい。

③ 　消防機関、防火技術者（注）への相談

　ただし、施設内の検討で止まるのでは無く、防火技術者（P.60参照）等の専門家に相談し、内容に問題や偏りがないかなどについてチェックを受けることが望ましい。少なくとも所轄の消防機関に相談することは、施設の考えている防火・避難行動内容で消防隊が対応可能なのか、非

常時のスムーズな救援・消防活動が行えるのか、一緒に考える上でも必要である。この防火・避難計画の内容が適切で消防機関にも受け入れられるなら、当然消防計画書の中に反映させていくことになる。

（注）防火技術者

　本書で用いている防火技術者とは、対象空間ならびに従事者や入居者、消防用設備を含めた防災設備機器などの特徴を考慮して火災の発生の未然防止とともに火災時の施設の防火・避難安全性ならびに災害後の問題に対して総合的に相談できる技術者を指す。この意味で、日本では唯一、特定非営利活動法人日本防火技術者協会が認定したＪＡＦＰＥ防火技術者が該当する。似たような名前として防火安全技術者があるが、これは東京都火災予防条例に基づき設置されたもので主として消防機器の維持管理に関する技術者を指し、別の位置づけになる。

特定非営利活動法人日本防火技術者協会（ＪＡＦＰＥ）

　学識経験者や行政職員が参加する幅広い技術者で組織され、複雑化する火災安全問題を総合的な視点で、より高度な火災安全技術を社会に提供し、市民の参加のもとに、真に望まれ、活用される防火技術の開発を行って社会貢献を果たす組織である。

第6章　より深い知識を求めている方のために

6.1　高齢者福祉施設の現状

6.1.1　高齢者福祉施設の現状

　高齢者の終の棲家は、自宅、子供たちの住宅（同居）、介護施設・老人ホーム等、療養型病院など多様化している。本書では、入居者の長期滞在を前提として、特別養護老人ホーム、有料老人ホーム及び認知症高齢者グループホームを高齢者福祉施設（**注**）として総称することとする。

　令和4年の「社会福祉施設等調査の概況」（厚生労働省）によれば、老人福祉施設の数は5,158、定員15万7千人、入所者数14万人とされている。

　老人福祉施設の居室面積は、特別養護老人ホーム10.65㎡以上、認知症高齢者グループホーム7.43㎡以上、有料老人ホーム13㎡以上（参考基準）、サービス付き高齢者向け住宅原則25㎡以上となっている。

　特別養護老人ホームの施設形態に着目すれば、新築物件では個室化が推進され、共用室を介して10室程度の居室を1つの介護居住単位とするユニット型施設が平成15年の制度創設以降に増加する傾向にある。ちなみに平成22年の厚生労働省のアンケート調査結果によれば、特別養護老人ホームの施設数5,676施設中、従来型の施設が3,946施設、ユニット型の施設が1,122施設、一部にユニット型を含むもの608施設となっている。

　いずれにしても、これらの施設に一旦入居した人々の他施設への移動は少ないことから、経年によって「入居者の平均年齢は年々高くなり、また、自力で避難行動が困難な方々が年々増加し、結果として施設全体としてみれば平均要介護度も増大するという防火安全上から見て危険性が高まる傾向になっていることは否めない。

　施設開始時に用途が消防法施行令(6)項ハと位置づけられた施設であっても、その後の消防機関の立ち入り検査時に、要介護度3以上の居住者の割合が50％を超えていたり、就寝を伴うサービスが一定時間を超えていたりすると、用途が(6)項ロに変わるため、改めてスプリンクラー設備や自動火災報知設備などの設置が求められることになる。

（注）施設の定義

① 　特別養護老人ホーム（介護老人福祉施設）

　特別養護老人ホームとは、65歳以上であって、常時の介護を必要としかつ居宅においてこれを受けることが困難であり、やむを得ない事由により介護保険法に規定する介護老人福祉施設に入所することが著しく困難である者、または、介護福祉施設サービスに係る施設介護サービス費の支給に係る者などを入所させ、養護することを目的とする施設である。

② 有料老人ホーム

老人福祉法により規定された施設であり、入浴、排泄、食事の支援など日常生活上必要なサービスを提供するが老人福祉施設でないものをいう。民間が経営するものが多く、特徴やサービスの違いで「介護付」「住宅型」「健康型」に分類される。

③ サービス付き高齢者向け住宅

高齢者の居住の安定確保に関する法律（高齢者住まい法）に規定された住宅であり、バリアフリー対応など高齢者に適した建築（ハード）と安否確認や生活相談など人的サービス（ソフト）を提供し、安心した生活を支援している。サービス付き高齢者向け住宅として登録（都道府県等）するためには、ハード、ソフト等の要件を満たす必要がある。

④ 認知症高齢者グループホーム

介護保険法に規定された施設であり、認知症により生活支援が必要となった高齢者に対し、介助者とともに少人数で自宅的雰囲気の中で共同生活をする施設である。9人を1ユニットとしており、現在は最大2ユニットの規模までしか認められていない。

上記、4つの施設・ホーム以外に以下の施設などがある。

⑤ 養護老人ホーム

養護老人ホームとは、主に経済的な理由で居宅において養護を受けることが困難な65歳以上の自立者を入所させ、養護することを目的とする施設のことである。特別養護老人ホームと違い、介護保険施設ではない。行政による措置施設であり、入居の申し込みは施設ではなく市町村に行う。

⑥ 軽費老人ホーム

軽費老人ホームとは、無料又は低額な料金で老人を入所させ、食事の提供その他日常生活上必要な便宜を供与することを目的とする施設（老人デイサービスセンター、老人短期入所施設、養護老人ホーム、特別養護老人ホームを除く）のことである。A型、B型があり、よく言われるケアハウスも、この軽費老人ホームの一種である。

⑦ 介護老人保健施設

介護保険法に規定された施設であり、病気や障害等による急性期の治療・リハビリを病院で受けた者が、自宅での日常生活を行うための機能訓練を行う中間的施設である。

6.1.2 居室と廊下について

本書では、厚生労働省「特別養護老人ホームの設備及び運営に関する基準（平成11年3月31日厚生省令第46号）に規定している特別養護老人ホームに必要とされる諸室に基づいて各室の名称を用いている。

一般に高齢者福祉施設は規模の大小はともかく、入居者がもっぱら利用する**「私的な空間」**とデイケアなどを含めて地域との連携・交流などの場と事務室・医務室・厨房・機械浴浴室・洗濯場などの**「公的（バック）の空間」**で構成される。

「私的な空間」の構成については、従来型の特別養護老人ホームとユニット型の特別養護老人ホームでは若干異なる。

ユニット型の施設では、**「公と私」**の区分が明確である。すなわち、一つのユニットは、10室程度の居室と共同生活室で構成される。このとき、**「居室」**を建築基準法とは異なり、字句どおりに「個

第6章 より深い知識を求めている方のために

人が就寝・生活する部屋」と定義し、居室の入り口には私的な空間の境界として扉が設けられている。また、ユニット型の場合には、ユニット内には廊下を設けることは少なく、半私的な空間である「**共同生活室**」を入居者が昼間に交流などの役割とともに、移動・通過交通の場としても利用している。さらに「共同生活室」には、職員の詰め所と温かい食事を提供するためのパントリーと、共用のトイレ・洗面所と浴室があるのが一般である。ユニットの面積は、300㎡未満であることが多い。したがって、夜間避難を確実にするためには、介護の単位であるこの面積と防煙区画を一致させた運営が重要となる。このとき居室の区画を厳密にするために入り口扉を自閉機構付きなどとすれば、他の居室への火災拡大は容易に防げ、ユニットと他のユニットや事務室、調理室・洗濯室などの「バックスペース」との防火的な独立性を高めると、安心できる空間を入居者に提供できる。

一方、従来型の特別養護老人ホームでは、各居室は個室の場合と多床室からなり、それぞれは一般に廊下に面している。特に、古いタイプの施設では介護の効率化の視点から廊下と居室の間に扉のないものも多い。

サービス付き高齢者向け住宅は、共同住宅の延長線上に現れたものであるから、各住宅の入り口は、防犯面も配慮して防火性能も有する出入り口（玄関扉）が廊下に面する形となっている。有料老人ホームも概ね住宅系の施設として発展してきたが、設計のガイドラインが明示されていないことから、サービス付き高齢者向け住宅に近いものもあれば、特別養護老人ホームに近いものもある。認知症グループホームは、戸建て住宅の転用のものもあり、無認可のものでは内部に明確な廊下や共同生活の場を持たないものまである。

本書においては、入居者の夜間における私的な生活（主として就寝）の場を居室として表示した。あわせて、居室の出入り口が面するものは、廊下や共用室などであったり、共同生活室の場合もあるが、表記の煩雑さをさけるために、「**廊下など**」として示した。

6.2　高齢者福祉施設を取り巻く火災安全上の課題

高齢者施設の火災安全問題を取り巻く課題は、以下のようにまとめることができる。本書では、これらの課題が存在することを念頭に置き、その解決策を提案している。

① **防火上の弱点は関連法令の遵守だけでは解決しない**

高齢者福祉施設に関する防火対策・防災設備などの法令は制定されているが、その仕組みを理解し、各法令の狭間を補うように運用していかなければ問題は解消しない。施設管理者や防火管理者は、自分の施設に設置されている火災安全に関係する各種の施設や設備の目的や使い方を理解し、有効に機能するように維持管理し、それらを前提に火災発生時の適切な対応を計画するとともに、適切な教育と訓練を行って、各職員がそれらの仕組みを理解し正しく活用できる状態にしておかなければ、入居者の安全を十分に守ることはできない。

② **火災時の対応行動の方針や訓練方法が実態に合っていない**

消防法令が改正され、宿泊を伴う高齢者福祉施設には原則として全てスプリンクラーが設置されることとされた。スプリンクラーは非常に信頼性が高い消火設備で、最近の福祉施設の火災では消火成功率88%とされ、残りの12%も火災を鎮圧状態にすることに成功している。ただし、小規模な施設に取り付けられる水道直結型スプリンクラーの場合は、消火設備というよりも、どちら

かというと避難支援設備という位置づけなので避難訓練計画の立案において注意が必要である。

火災時の対応行動は、このような実力を持つスプリンクラーが設置されていることを前提として考える必要がある。しかしこれまでのところ、そのような対応行動についての指針は示されておらず、訓練もスプリンクラーの奏功の有無を考慮せずに行われている。

一方、高齢者福祉施設には、ベッドから起き上がることもできない入居者も少なくない。訓練時には、このような入居者を参加させることはできないため、「いないことにする」、「避難させたことにする」などと省略している施設が多いが、訓練で行っていないことを実際の火災時に行うことはできない。

火災時の対応方針や訓練計画の策定にあたっては、以上のような実態を考慮して、新たな視点から考えていく必要がある。

③　夜間介護体制を補完する対策の開発が遅れている

これらの施設で夜間に火災が発生した場合、限られた介護職員だけで、入居者全員を、階段などを利用して安全な地上まで避難させることは不可能である。しかしながら、実態を見るとこの事実が直視されておらず、消防隊が救出に来るまで自力避難困難な入居者を火災階の安全な場所で一時的に避難させる（これを「水平避難」という。）などの方法論、容易に後から設置できる防火・防煙のためのシャッターや、救出までの限られた時間一時待避できるようにするための扉の開発などが遅れている。

④　施設固有の消防計画立案の重要性の認識と教材・ガイドブックが不足している

各施設はそれぞれ固有の建築特性を有し、警報設備、通報装置、消火設備、防火区画、排煙設備など防火・避難施設の種類や位置、入居者の状況、施設職員の数や勤務形態など、火災時の職員の対応行動に関係する要因もそれぞれ異なっている。このため、夜間の火災などギリギリの対応が求められる状況に対しては、各施設の実態を見極めた固有の行動計画を作成し、消防計画にも反映させていく必要があるのだが、これまで十分に行われて来たとは言えず、そのような教育の機会や教材・ガイドブック等も不足している。

このため、施設関係者は、問題の所在に気づきつつも、どうしたらよいかわからず、多くは従来の雛形を単に丸写しした消防計画を作成する方向に流されざるを得ない。

防火・避難対策は事前に教育がなされて初めて有効な効果を上げることができる。防火管理者に関しては防火管理者講習等があるが、施設職員の多くは消防機関の指導による訓練の場くらいしか知識吸収の場がないのが実態である。近年、（公財）東京防災救急協会が「小規模社会福祉施設の防火実務講習会」を行うなどの動きはあるが、残念ながら社会的な仕組みとして、個々の施設の実情（問題点）を把握しどのようにしなければいけないのかを教育する仕組みや、職員のための教育の体系化とそれを行うための教材・ガイドブックの開発については、あまり進んでないのが実態である。

⑤　関連する法令の防火・避難対策が整合していない

介護の対応計画と建築防火対策がリンクしていないため、設計者の側にそのような動機付けが働いていない。このため、スプリンクラー設備等をすべての高齢者施設に義務づける一方で、介護ユニットと防火・防煙区画の整合など火災時の職員の対応行動に大きく影響する事項が考慮されておらず、結果的に単純に防火法令を満たすか、あるいは介護を中心とした動線計画などにの

第6章　より深い知識を求めている方のために

み配慮した設計が多くなっている。このような防火・避難の視点に立った設計者のための防火設計ガイドラインがないのも問題である。

⑥　**自力で避難行動が取れない入居者が利用する施設の種類や数が増加している**

　介護が必要な（自力で避難行動が取れない）高齢者が生活する建物は、個人の住宅から、ディケア、ショートスティ、ロングスティ等のための各種施設、さらに治療・療養のための病院など幅広い。高齢者の行動・判断能力は、一般には自立から介護、看護に至る過程を経て低下する。

　ロングスティの施設・ホームに限定しても、特別養護老人ホーム、介護老人保健施設、軽費老人ホーム、有料老人ホームなど、それぞれの設置目的（法的根拠）に応じ、管理運営形態や建物形態の異なる様々なものがある。これらの施設の種類や数が急激に増加しているため、その安全対策に関する方法論の整備が追いつかず、防火安全に限っても、法的規制が実態と乖離している面がある。

　そのような社会背景のもと、個々の施設としても時とともに避難行動がとれない入居者が増加していき、過去に設置許可されたレベルからより厳しいレベルの防火安全対策が必要になることも多い。

⑦　**施設職員が頻繁に入れ替わることが多い**

　高齢者福祉施設では、職員の定着率が低く、離職などで担当が入れ替わることが多いため、防火安全の基本や施設の実態をよく知って火災時に対応できる職員が不足しがちで、火災に対する職員の不安も大きい。このような実態に対応して防火安全の向上を図るには職員の防火教育や訓練を質・量ともに増加させる必要があるが、交代制勤務者が多くシフト体制も複雑であるため、特に夜間体制で訓練を行おうとすると難しい場合が多い。このため、現場からは、防火教育や訓練のための効率的な方法論が求められている。

⑧　**施設の防火上の弱点を第三者や施設管理者が把握し適切な改善につなげる仕組みが構築されていない**

　施設の防火安全性を向上させるためには、それぞれの施設固有の防火上の弱点を把握し、優先順位の高いものから改善していくことが有効であるが、この施設固有の弱点を把握する必要性を認識している職員は少ない。また、そのための効果的な方法論が十分確立されておらず、仕組みの構築も不十分である。その結果、消防計画書や施設の防火・避難マニュアルなどが別々に作られ、整合性が取られていない施設が多い。

6.3　高齢者福祉施設の火災の実態

①　従来型特別養護老人ホームの火災危険要因

・　空間構成と夜間の火災危険

　従来型特別養護老人ホーム（ここでは、ユニット型以前の形状の特別養護老人ホームを指す）では、入居者が利用する居室には、ひとつの室を複数の入居者で利用する多床室と一人の入居者で占有する従来型個室（居室）があり、それぞれの居室は比較的ゆったりした所定の幅員（1.8mから2.7m）をもつ廊下に面して配置されるのが一般的である。このとき、これら居室に扉が設置されていない場合も見受けられる。

65

高齢者福祉施設で夜間に最も多く火災が発生する場所は入居者の居室である。居室における火災発生原因としては電気関係の器具や配線の取り扱い不備や故障、煙草やライターの火の不始末、灯明や蝋燭の取り扱いの不備、故意又は無自覚の放火、などがあげられる。また、生活に関連する可燃物の居室への持込や持込んだものの配置については制限されていない場合が多いので、万一出火した場合の火災拡大状況は一様ではない。

　廊下は幅員が大きいことから、様々な物品が置かれることが多い。中には相当量の可燃物が置かれている例もあり、本来は出火拡大危険の少ない箇所であるにもかかわらず、出火を想定しなければいけないような箇所もある。さらに、潜在的に出火危険の高い調理室のほか、食堂、浴室、便所、洗濯室、職員室、医務室などの関連諸室も廊下に面して配置されている。

　調理室は、昼は出火危険が比較的高いが、夜は電気系統以外の火災は少なくなり火災件数も大きく減るので、夜間を想定した訓練の出火箇所としての優先度は低い。

　昼も夜も、洗濯場で火災が発生する事例が多いこともわかる。洗濯場の出火源としては、ガス乾燥機と放火である。可燃物が多く、死角になりやすい場所でもあるので、要注意箇所として留意すべきである（P.69、6.4参照）。

・　煙の拡がりと対策

　廊下は各室に接して設けられているため、特に外気に開放されていない廊下（中廊下）の場合は、火災室で発生した煙が廊下に出たり、廊下や廊下との間に扉がない空間で火災が発生したりすることを考えると、火災発生後しばらくすると、極めて危険な空間になると考えなければならない。一部の施設では、介護の利便性の観点から廊下と居室の間に扉を設けていないが、この場合には火災の拡大や成長を止めることが難しく、入居者の避難をさらに困難なものとさせることとなる。

　各居室に面して設けられているバルコニーは、中廊下の持つこのような弱点を克服する手段として極めて有効であるが、避難計画や訓練実施においてバルコニーを積極的に活用している施設は多くない。また、地域によっては、季節・天候次第でバルコニーを避難のために利用できない場合があり、このような地域ではバルコニーそのものが設置されないことも多い。バルコニーが設置されていない場合や、バルコニーを避難に有効に使えない季節が長い雪国などの場合は、各階の階段直近の屋内部分に消防隊が到着するまで安全を確保できる水平避難の拠点を準備しておくことが不可欠である。

② 　ユニット型特別養護老人ホームの火災危険要因

・　空間構成と火災危険

　ユニット型施設では、入居者の自立的生活を保障する複数の居室（一般に10室以下）と、少人数の家庭的な雰囲気の中で生活が出来る共有スペース（共同生活室）からなる単位を1ユニットとして、一般には1施設で数ユニットを持ち、さらに各ユニット共用の独立した事務室、調理室、浴室、洗濯室、医務室など関連諸室を持っていることが多い。

　火災の発生危険に関しては、ユニット型であっても従来型とあまり変わらないと考えられるが、一般的にはユニットごとの独立性が高く建築計画的にも他のユニットに火煙が拡大しにくいものが多いため、ユニット入口のドアを閉めるなど必要な対応をきちんと行えば、火災被害は出火ユニットに留まることが多いと考えられる。

第6章 より深い知識を求めている方のために

・ 煙の拡がりと対策

ユニット型の場合は火災を出火ユニットに留めることができる可能性が高く、一方、入居者は隣接ユニットに水平避難すれば安全が確保されるので、一般的には従来型より火災安全性は高い。

しかしながら、共同生活室で火災が発生した場合には、発生した煙の影響で各居室から共同生活室を経由した避難は直ちに困難になる。このため、各居室に面したバルコニーがなければ、夜間の少人数の職員では全ての入居者を避難させることは困難となる可能性がある。バルコニーがない又は使えないような季節的・地域的な状況においては、消防隊の救助を安全に待てるように配慮した部屋に水平避難して一次的に待避できるようにしておくことが不可欠である。このためには共同生活室の排煙を確実に行うこと、一時待避のための安全な避難場所の確保、または居室と共同生活室間の扉の確実な閉鎖機構の採用とその扉の遮煙性能の向上などが必要である。

③ 有料老人ホームやサービス付き高齢者向け住宅の火災危険要因

・ 入居形態と火災危険

有料老人ホーム及びサービス付き高齢者向け住宅は、入居者個人のプライバシーを特に尊重している。個々人が日常的に生活する空間の利用については、基本的に施設の側からは干渉しないという方針となっている。このため、居室内での喫煙及び裸火の使用はほとんど全ての施設で制限されているが、可燃物（家具や衣類など）の持ち込みや配置については、制限をしていないことが多い。むしろ、認知症対策として、入居以前の環境と同じようにすることを推奨しているところもある。

また、バルコニーが設置されている場合であっても、一般の共同住宅と同様にプライバシーの保護という観点から、住宅毎に隔て板を設置している場合もある。有料老人ホームやサービス付き高齢者向け住宅は、特別養護老人ホームに比べて入居者の要介護度は低いとはいえ、避難介護なしに隔て板を破壊しながらバルコニーを経由して避難することは難しい。プライバシー保護等のために入居者にバルコニーに隔て板を設置したいという意向が強いのであれば、力の弱い高齢者であっても緊急時に簡単に破壊できるような隔て板の開発が望まれる。

・ 空間構成と火災危険

立地している場所によって、空間構成に差が見られる傾向がある。具体的には、市街地に立地している場合には、中廊下型の施設が多い。これに対し、市街地以外に立地している場合には、片廊下型又は中庭を設けている構成が多い。さらに、郊外に立地している場合には、ゆとりある敷地を活かして、平屋が多くなり、ユニット型も見られる。

ユニット型の場合、各ユニット内に火災を閉じ込めるという対策が有効と考えられる。また、全ての居室が廊下に面している場合、居室内に火災を閉じ込めるとともに、廊下空間を複数の空間に分割し、煙の拡がりを防止する工夫が望まれる。

・ 煙の拡がりと対策

片廊下型の場合、廊下の窓を開放して排煙することにより、煙の拡がりを押さえることができる。中廊下型の場合には、廊下の中央付近にエレベーターが設置されていることが多いので、この付近にエレベーターシャフトを通じて煙の拡散を防止する遮煙スクリーン等を設けることにより、煙に汚染され難い空間を作り、そこを一時待避場所として活用できる。ユニット型の場合に

は、各ユニット内に煙を閉じ込める対策が有効となる。

④ 認知症グループホームの火災危険要因

・ 入居形態及び空間構成と火災危険

認知症グループホームは、特別養護老人ホームに比べて、平均要介護度は幾分低いが、9人から18人程度の小規模な施設での共同生活を想定していること以外は、入浴・食事・排泄の介護を必要とする人々が生活する点ではさほど違いはない。

新築物件においては、当初からそれなりの火災安全対策を講じておくことは比較的容易である。しかし、社団法人日本医療福祉建築協会の平成22年調査報告書によれば、認知症グループホームの中には既存の住宅や寄宿舎などを転用したものも少なからずあり、木造が約半数を占め、次いで鉄骨造も約4割を占めている。多くのグループホームは平屋または2階建てであるが、火災の発生場所によっては、その階にとどまって消防隊の到着を待つことが困難なものも存在する。

空間配置がユニット型とほぼ同じようなものについては、ユニット型特別養護老人ホームと同様火災危険性がある。個室と共用室を繋ぐ扉や区画壁については、一定の防火性能と遮煙性能が必要である。

なお新築物件は、通常、他の高齢者福祉施設等と併設されていることが多く、これらの施設等との間には、防火区画が存在している。この防火区画により急激な火災及び煙の拡大を防ぐことができれば、入居者の安全性を確保することは困難ではない。

・ 煙の拡がりと対策

認知症高齢者グループホームの多くが木造や鉄骨造であることは、火災安全上大きな問題である。構造体が木造の場合は着火や延焼拡大しやすい可能性があり、鉄骨造の場合には加熱による変形の発生が問題となる。また、構造体が損傷することで、壁などの区画部材の接合部分にも隙間が生じて煙や火炎を出火室以外の空間に拡大させる危険を早める可能性がある。

これらのことから、本研究会が推奨している水平避難方式は、木造や鉄骨造の場合には必ずしも薦めることはできない。階段によって入居者を地上まで避難させることが困難である点は他の施設と変わらないので、スプリンクラー設備だけが頼り、ということになりかねない。

6.4 統計から見た高齢者福祉施設の火災の特徴

6.4.1 福祉施設の火災件数と死者数

図6.1は、消防白書から作成した福祉施設数と火災件数及び火災による死者数の推移を表したものである。ここでいう福祉施設には高齢者福祉施設以外の児童福祉施設なども含まれているが、図6.1から、

・施設数が年々増加し、それに伴って火災件数も増加していること

・1988年のスプリンクラー設備の設置対象拡大以降多数の死者を伴う火災がしばらく発生しなかったこと

・介護保険法の施行で施設数が急増し、（グラフには表されていないが）グループホームなど多様な形態の小規模施設が増えた結果、死者を伴う福祉施設の火災がしばしば起こるようになり、再びスプリンクラー設備の設置対象が拡大されたこと

第6章 より深い知識を求めている方のために

図6.1 社会福祉施設等の出火件数・出火率・死者数の推移（1968年〜2021年）（「消防白書」より作成）

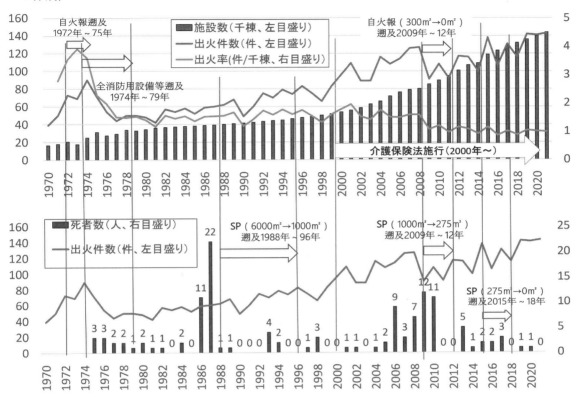

注
- 自火報（300㎡→0㎡）：自動火災報知設備の設置対象延面積が300㎡以上から0㎡以上に拡大（以下同様）
- SP：スプリンクラー設備
- (6)項ロ・ハ：消防法施行令第別表第一(6)項ロ及び(6)項ハ

などがわかる。

6.4.2 分析した火災報告データ

高齢者福祉施設における火災の実態と特徴を、総務省消防庁の火災報告のデータ（以下、火災報告データ）1996〜2009年版を用いて分析した結果を6.4.3以降に示す。

ここで「高齢者福祉施設」とは、火元の業態の細分類番号が表6.1に掲げるものとした。火災件数の総数は790件である。

6.4.3 通報時間

図6.2は出火後消防機関へ通報するまでの時間である。5分以内で通報出来ているものが293件あるが、10〜20分かかっているものが142件、それ以上かかっているものも227件ある。図6.3で見るように、焼損面積0㎡のぼやが多いが、火災がぼやの場合には通報をためらうため、通報時間までに時間がかかる場合があると推測される。

表6.1 本研究で「高齢者福祉施設」としたもの

報告年	細分類番号	火元の業態
1996年～2003年	8892	老人保健施設
	9041	老人福祉事業
2004年～2009年	7541	特別養護老人ホーム
	7542	介護老人保健施設
	7543	通所・短期入所介護施設
	7544	痴呆性老人グループホーム
	7545	有料老人ホーム
	7549	その他の老人福祉・介護事業

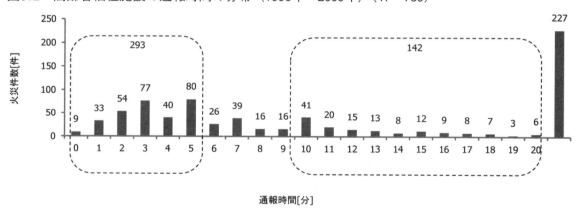

図6.2 高齢者福祉施設の通報時間の分布（1996年～2009年）（n＝759）

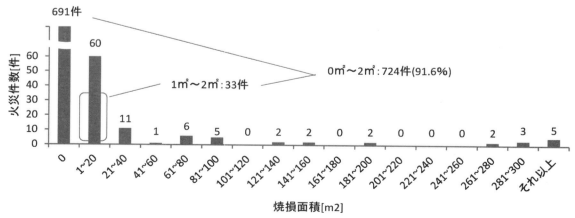

図6.3 高齢者福祉施設の焼損面積ごとの火災件数の分布（1996年～2009年）（n＝790）

第6章 より深い知識を求めている方のために

6.4.4 焼損面積ごとの火災件数

図6.3は高齢者福祉施設の焼損面積ごとの火災件数である。火災の87％が焼損面積0㎡となっている。

また焼損面積2㎡以下の火災は全790件中92％に上っている。

6.4.5 昼夜別に見た火災被害

高齢者福祉施設の多くは就寝施設であるが、夜間は職員数が少なくなるため、火災被害が大きくなりがちであると推測できる。

このため、火災被害を昼と夜に分けてその傾向を見てみた。

昼夜の別については、東京近辺の高齢者福祉施設で調理または調理補助の職員を募集している勤務時間帯を抽出調査（9件）し、これらの職員の少なくなる20時～5時の9時間を「夜」、それ以外の時間帯（15時間）を「昼」とした。

① 出火時刻別火災件数

図6.4は、高齢者福祉施設の出火時刻別火災件数である。昼（15時間）に532件の火災が、夜（9時間）に230件の火災が発生している。

② 昼夜別の出火件数と平均焼損面積

図6.5は、高齢者福祉施設の昼夜別1年当たり1時間当たりの出火件数と昼夜別平均焼損面積を示したものである。

夜間の火災は、昼に比べ、時間当たりの出火件数は少ないが、平均焼損面積は大きい。

その大きな理由は、焼損面積の大きい火災の多くが夜間に発生していることによる（図6.6）。また、その多くは木造施設の火災である（図6.7）。

これらのデータは、木造の高齢者福祉施設で夜間に火災が発生すると大規模に延焼することが多いこと、耐火構造の施設の場合は大きく燃え広がることは少ないが、夜間の方が多少被害が大

図6.4 高齢者福祉施設の出火時刻別火災件数（1996年～2009年）

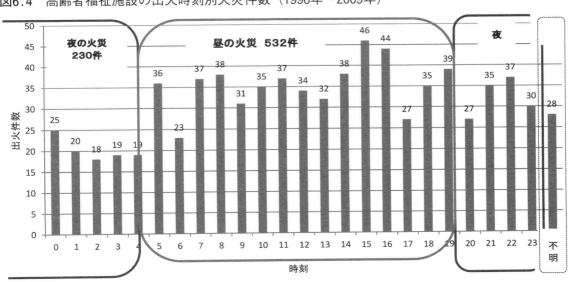

図6.5 高齢者福祉施設の昼夜別1年当たり1時間当たりの出火件数と昼夜別平均焼損面積

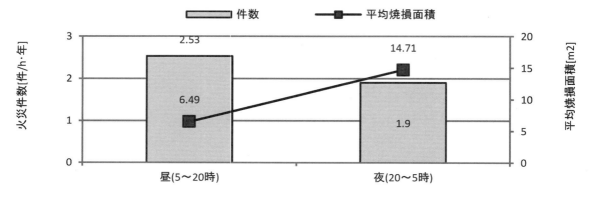

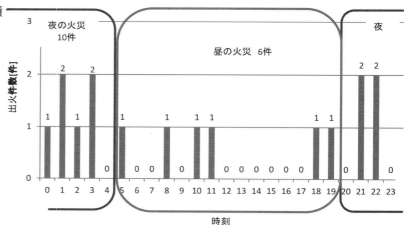

図6.6 出火時刻別焼損面積
100㎡以上の火災件数
（1996年～2009年）

図6.7 構造別昼夜別
平均焼損面積
（1996年～2009年）
（n＝585）

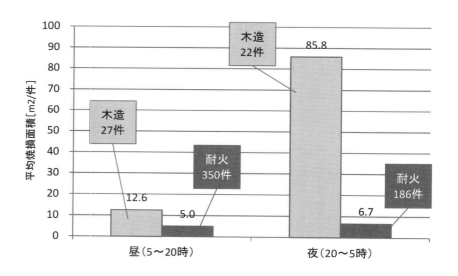

第6章　より深い知識を求めている方のために

きくなることを示している。

③　昼夜別に見た発火源と出火箇所の関係

図6.8及び**図6.9**は、高齢者福祉施設の昼夜別に見た発火源と出火箇所及びその関係である。発火源は、昼も夜も［電気系統］や、［放火または放火の疑い］、［たばことマッチ］が多い。また夜では特に［放火または放火の疑い］の比率が高くなることに留意する必要がある。

出火箇所で最も多いのは、昼も夜も居室である。

居室では［電気系統］や、［たばことマッチ］による火災が多い。［火遊び（「放火以外で無意識に火をつける」を含む。）］は、ほとんどが居室である。

調理場（室）や台所は、昼は居室に次いで二番目に出火危険が高いが、夜はあまり出火しない。

洗たく場等は、乾燥機などの［ガスを用いる設備または道具］と、［放火または放火の疑い］により、昼も夜も出火危険が高い。夜は敷地内や外周部、ごみ集積場等、一般倉庫など外部の人が侵入しやすそうな場所で［放火または放火の疑い］が多い。

以上の分析から、消防訓練の際の想定出火場所としては、昼夜にかかわらず第一に居室、第二に洗濯場を考えるのが妥当であること、夜を想定した訓練で厨房出火を想定する優先順位は低いことなどがわかる。

6.4.6　訓練実施状況と火災被害との関係

消火や避難の訓練は、火災被害を軽減するために行われる。このため、訓練をしっかり行っている施設では、火災が発生しても、そうでない施設に比べて火災被害が少ないのではないかと推測される。

図6.10は、高齢者福祉施設の消火訓練の有無別に火災件数と平均焼損面積を示したものである。

火災となった施設の67％が消火訓練を年1回以上実施しており、消火訓練を実施している施設の焼損面積は、法令上防火管理義務がないか義務はあるが消火訓練を全く実施していない施設に比べてはるかに小さいことがわかる。

6.4.7　初期消火手段別件数と消火効果

図6.11は、高齢者福祉施設の初期消火手段別件数と効果の有無を示したものである。初期消火の主たる効果の有無を判断できる2001年～2009年の9年間のデータを用いた（n＝634）。［消火器］が一番多く用いられ、次に［水をかけた］、［スプリンクラー設備］の順となっている。

図6.12は、高齢者福祉施設の初期消火手段別に消火効果があったものの率を示したものである。

［スプリンクラー設備］は、消火効果があったとされる率が88％となっており、10件（12％）については消火効果なしと分類されている。この10件について、詳細を見たものが**表6.2**である。

表6.2で火元建物の焼損程度は9件がぼや、1件は部分焼（焼損床面積1㎡）であることから、これらの施設のスプリンクラー設備は、直接消火はできなかったが延焼抑制の役割を果たしており、その後、別の消火手段により消火したのではないかと考えられる。なお、この10件のスプリンクラー設備は全て延べ面積1,000㎡以上の施設に設置されていることから、延べ面積1,000㎡未満の施設に設置される「特定施設水道連結型」（通常のスプリンクラー設備より消火能力が低い）ではなく、通常のスプリンクラー設備であると判断できる。

図6.8 高齢者福祉施設火災の発火源と出火場所との関係（昼5時〜20時）

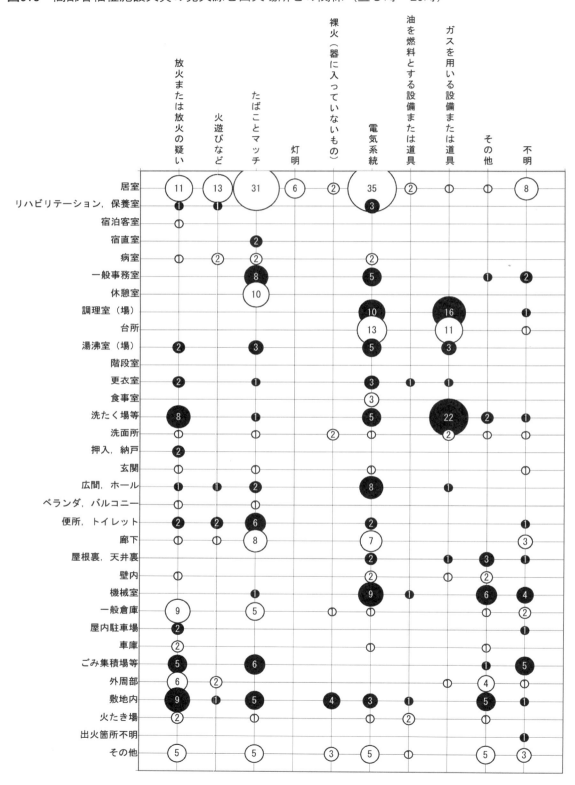

第6章　より深い知識を求めている方のために

図6.9　高齢者福祉施設火災の発火源と出火場所との関係（夜20時〜5時）

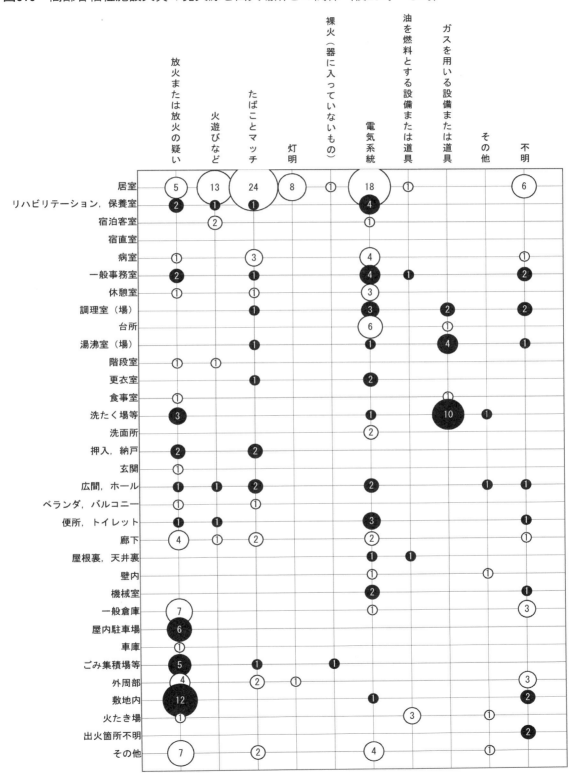

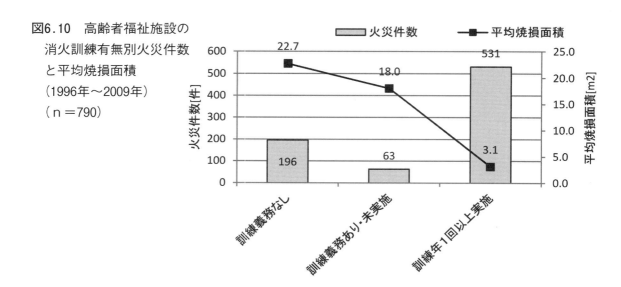

図6.10 高齢者福祉施設の消火訓練有無別火災件数と平均焼損面積
（1996年～2009年）
（n＝790）

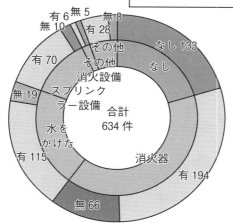

図6.11 高齢者福祉施設の初期消火手段別件数と効果の有無（2001年～2009年）

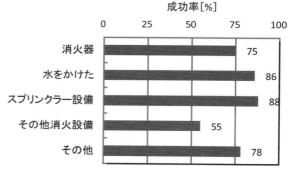

図6.12 高齢者福祉施設の初期消火手段別消火成功率

第6章　より深い知識を求めている方のために

表6.2　高齢者福祉施設の火災でスプリンクラーの消火効果なしとされた火災事例10件の詳細

火災番号	火元建物の損害状況		火元建物の状況		出火原因等	
	焼損程度	焼損床面積（㎡）	建築面積（㎡）	延べ面積（㎡）	出火箇所名	発火源名
1	ぼや	0	643	2,347	洗面所	火のついた調理品
2	ぼや	0	747	5,127	一般倉庫	その他のたばことマッチ
3	ぼや	0	609	3,517	調理室（場）	電磁調理器
4	ぼや	0	933	2,425	居室	電気こんろ
5	ぼや	0	149,529	511,951	作業場、工場	乾燥機
6	ぼや	0	1,359	3,848	火たき場	ボイラー
7	ぼや	0	1,389	3,657	洗たく場	乾燥機
8	ぼや	0	695	1,637	居室	たばこ
9	ぼや	0	2,635	4,374	火たき場	不明
10	部分焼	1	1,320	3,386	押入、納戸	たばこ

注）５番の火災の建築面積等は誤りと考えられるが、原データどおり記載した。

6.5　訓練を始めるにあたって

　火災時の安全性に関係するソフト（入居者の介護度や職員の交替を含む人的な対応）面やハード（建築・設備）面の状況は、季節、１日においてさえも時の経過に従って変化していく。

　このため、職員が夜間火災発生時に少人数で正しい判断と迅速・効果的な避難介護行動を行えるようにするためには、防火管理者は、適切な防火・避難計画を作成するだけでなく、上記のソフト・ハード両面について、チェックリストなどを活用して定期的に確認し、その結果を反映して適宜火災時の対応の基本方針を更新し、その情報を全職員に周知して共有することが望ましい。以下に主だった検討項目および注意点を記載する。大きな施設は防災設備も充実し、総職員数も施設全体では多く配置されている傾向がみられるが、小規模な施設ではハード面が充実しておらずソフト面に頼りがちであるので、職員教育にも配慮が必要である。

　特に、当該施設の建築設計者の防災設計意図を確認するとともに、施設を取り巻く関係者との定期的な話し合いの場を持つことが必要である。ＪＡＦＰＥ防火技術者という資格者がいるので、定期的に消防計画、防火避難計画、訓練計画などについての診断をＪＡＦＰＥ防火技術者に相談するのもよい方法である。

6.5.1 施設関係者の防火研修会への参加と活用

施設管理者や防火管理者は、火災安全に関する知識を習得するために、防火研修会や出前講座などに積極的に参加することが望ましい。現時点では、消防機関が開催するもの以外は、当防火技術者協会や（公財）東京防災救急協会が主催するものくらいしかないが、社会的にはこのような職員への防火教育の為の社会制度の構築が必要である。施設管理者は職員がそのような研修の場に参加することを積極的に促すとともに、聴講した結果を未参加者にも周知する機会を設けることが望ましい。

6.5.2 夜間の適切な対応行動の把握

夜間など人手が少ない場合の適切な対応行動には、協力体制の早期形成が重要である。そのために、各職員はそれぞれ、一人でできることはどの程度か、自分の能力を高めるにはどのようなことをするとよいか、何について協力して行うとよいのかなどを明確に把握しておくことが大切である。

6.5.3 建物の防火設備の設置目的を知ることが大切

防火管理者は、建物に設置されている防火設備等の設置目的をよく理解するとともに、目的を達成するための性能が維持されるよう、適切に点検や確認を実施しなければならない。また、各職員は、自分の「目と手」で、施設に設置されている各種防火対策のための設備等を使ってみて、慣れ、使いこなすための知識を蓄積する必要がある。

① 施設の防火対策の確認

施設の防火対策について確認する。

・区画の形成の確認（階段室の防火扉、廊下の途中にある防火扉などが障害物や楔などで閉まらないようになっていないか、確認する。）
・居室の可燃物や火気の管理状況を確認する。
・廊下や階段に大量の可燃物が放置されていないことを確認する。
・煙感知器の効能:どのくらいの煙で火災信号を出すものか知る。
・消火器の操作：どのくらいの大きさの火災ならば消せるかを知る。
・消防機関への通報設備がどこにあるか知る。
・スプリンクラーの効能を知る。
・各部屋の扉の閉鎖の効能を知る。
・バルコニーの効能を知る。バルコニーが避難時に使えるようになっているか確認する。
・バルコニーがなかったり、使用できない地域では、バルコニーに代わる屋内水平避難拠点を探したり、簡便な方法で改修可能かどうか検討する。
・火災時の煙・熱の拡がりを防止するように区画の多重化（特に共用室と廊下、廊下と階段室）ができているか検討する。

② 入居者の行動・判断能力の確認

入居者の行動・判断能力を確認する。

・一人ひとりの入居者について、避難のときにどのような介護が必要か。

第6章　より深い知識を求めている方のために

・入居者が一人で移動できるか。どこかに行かないか、一人で待機できるのか。
・一人の職員で車椅子に移動できる体重か。
・付属的な条件（睡眠薬、常備薬、杖の使用、車椅子使用、その他）は何か。

6.5.4　居室からの目標避難時間の算出

火災時に居室から安全な場所へ避難する目標避難時間を算出する。

消火に失敗した場合に避難に使える時間（避難限界時間）は、予め設置されているハード（建築材料や設備など）の防火性能によって見積もることができる。

①　火災室の場合

> 火災室の避難限界時間＝基準時間（２分）＋仕上げの不燃性に応じた加算時間（０分〜３分）＋
> 寝具・布張り家具の防炎性能の有無による加算時間（０分又は１分）

火災室からの避難限界時間として、総務省消防庁で示している算出方法では、火災室が盛期火災に至るまでの算定上の時間を２分間とし、壁や天井の室内に面した部分の仕上げ材料の種類に応じ、不燃材料の場合３分加算、準不燃材料の場合２分加算、難燃材料の場合１分加算（可燃材料の場合は加算はない）、寝具や布張り家具が防炎仕様の場合さらに１分加算とし、合計で２分から６分としている（表6.3参照）。

表6.3　避難限界時間算定のための基準時間と加算条件

	基準時間		２分
加算条件	壁及び天井の室内に面する部分の仕上げ	不燃材料	３分
		準不燃材料	２分
		難燃材料	１分
	寝具・布張り家具の防炎性能の確保		１分

ここで、「不燃材料」というのは、モルタルや金属、ガラスなどであり、「準不燃材料」というのは石膏ボードなど、「難燃材料」というのは合板を難燃処理したものなどである。

「寝具・布張り家具の防炎性能の確保」というのは、施設全体として難燃処理した寝具や布張り家具を使っている、という意味であり、その場合は基準時間を１分加算できるとしている。

昭和50年以降に建てられた高齢者福祉施設の場合、天井や壁は石膏ボードで作られることが多く、寝具や布張り家具を防炎化している例合は少ないので、計算方法がよくわからなければ、とりあえず火災室の避難限界時間（基準時間）を２分＋２分＝４分と考えてもよい。

② 非火災室の場合

火災室以外の部分の避難限界時間＝基準時間＋延長時間

基準時間；火災室が盛期火災に至る算定上の時間

延長時間；盛期火災に至った火災室からの煙・熱の影響によって、他の居室や避難経路が危険な状況となるまでの算定上の時間

表6.4に示すように火災室以外の部分が危険になるまでの限界時間としては、火災室を防火扉（鉄製でガラス部分が網入りガラスとなっている扉）で区画できる場合はさらに延長時間として3分加算、（防火扉ではないが）不燃性の扉で区画できる場合には2分、可燃性の扉で区画する場合には1分加算となっている。扉がない場合は加算時間はない。また、天井が高い場合や空間が広い場合には煙だまりの効果を期待して、200㎡以上であれば、1分加算などとしている。

表6.4　避難限界時間算定のための延長時間

算定項目		延長時間
火災室からの区画の形成	防火区画	3分
	不燃化区画	2分
	上記以外の区画	1分
当該室等の床面積×（床面から天井までの高さ－1.8m）≧200㎡		1分

　この目安を用いて出火室とその他の部分の限界時間を算出し、訓練の際の目標時間とすることが必要である。夜間に警備職員が常駐しているかいないか、夜間の介護職員が1フロアーに1人なのか2～3人いるのかで対応行動力には大きな違いがあるが、限界時間が何分であっても、夜間の体制がどうであっても、火災時に最低限必要な対応を行い、消防隊到着まで入居者を安全に守らなければならないことに変わりはない。避難限界時間が短く、夜間体制が手薄であるなら、その分、対応行動に工夫をこらさなければならない。現状ではどうやっても避難限界時間内に対応できないなら、防火設備等のハード面を強化するか、夜間体制を強化することも考えなければならない。

6.5.5　火災時の行動と連係訓練

　火災が発生している部屋に入居者等が取り残されている場合には、その救出が最優先の作業となる。消火する余裕があるのか、救出できる状況なのかを考える。このとき、職員自身の身の安全確保も意思決定要因のひとつである。最悪の場合は、救出を断念して火災室の扉を閉鎖し、他の空間への火煙の拡大を抑えることが必要な場合もある。

　扉のない共用室や廊下で火災が発生している場合には、火煙を閉じ込めることができないので、できる限り消火を優先する。どうしても消火出来ないようなら（P.91、6.7.2③参照）、入居者の各室の扉の閉鎖を確認した上で、排煙設備を作動させるか排煙窓を開放して、廊下部分が

第6章　より深い知識を求めている方のために

煙で危険になる時間を遅らせることが必要である。

現場に複数の職員がいる場合は、以上の行動はリーダーの指示のもとに、消火と排煙や扉閉鎖を並行して行うなど、連携して行うことが必要である。そのためには、あらかじめ作成した訓練シナリオに基づいて何度も訓練を行い、夜間シフトの体制ごとにリーダーとある程度の役割分担を決めておくとよい。

訓練の繰り返しによって、対応行動の無駄をなくし、「次に何をするか」などと考える時間を減らして避難所要時間の確実な低減を図る。訓練を繰り返しても目標避難時間内に必要な対応が出来ないようなら、施設管理者と意見交換を十分に行い、ある程度費用のかかる解決策をいかに現実的に実現できるか探すことが必要となる。

6.6　訓練のあとで

6.6.1　訓練結果の評価と改善

訓練結果をきちんと評価し、避難戦略、対応体制、対応行動などの改善につなげることは、よりよい防火避難体制の構築にとって大切である。

各施設では、忙しい中、訓練に加え以下のような訓練結果の評価を行うことは大変だと思うが、自施設の実態から見て可能な範囲で、是非実施されることをお勧めする。

6.6.2　訓練結果の評価手順

以下に評価の手順を示す。

① **評価の準備**

管理者等は、評価に必要な具体的記録内容・方法を設定して実施要領を作成し、訓練評価記録シート（P.108参照）を準備する。この表は典型的な例であり、各施設の訓練シナリオに合わせて自由に作り変えてよい。作り変えるときは、実際に動く動線に従って動作の項目を照合する。

② **評価者の役割**

評価者は、訓練時に立ち会って訓練の評価を行うとともに、訓練参加者等へのアンケート調査（P.109〜110参照）を行う。訓練項目と各測定者が受持つデータ収集対象場所との関係を示す。

③ **各担当測定者の役割**

訓練終了後、各担当測定者は収集したデータ（想定した訓練項目と実行した訓練項目の合致度、訓練項目の連続性、職員、入居者の訓練参加者、人数、時間）及びアンケート調査結果から訓練評価記録を纏め、管理者等に提出する。

④ **訓練評価記録シートへの記入（P.108参照）**

各訓練時に取り入れた（活動）項目毎に、訓練参加職員の役割に対する理解、訓練時の行動と習熟度を○△×で記入する。また参加入居者の記録、反省点を含む総合評価を記入する。

⑤ **次年度への対応**

評価を纏め訓練報告書に反映する。年間の職員の訓練計画と、施設の訓練項目を基に、年間計画の中で評価し当初の計画の達成度を把握する。

また、年度の終わりには本年度の訓練の計画達成の確認と反省を踏まえて、来年度の計画作成

を行う。

6.6.3　評価要領
　評価要領については、評価項目を纏めた訓練評価記録シートを定め、これを基に担当者が評価項目、詳細項目毎に具体的な評価要領を作成する。評価の観点としては次のような項目があげられるが施設の状況に応じて工夫する。

① **選定条件**
・火災の状況：火災発見場所の難易、煙の拡散しやすさ
・階、場所：連絡が厳しい位置、避難動線が厳しい位置
・時間帯：職員が最も少ない時間帯、最も入居者が多い時間帯

② **訓練状況**
・訓練の流れ：参加者の動きの連続性と待ち時間の有無
・連絡体制：（指示命令系統ならびに報告の流れ）
　協力体制：職員間ならびに職員と委託職員の間の一体化
・職員ならびに入居者の避難動線の効率性
・防災設備の熟知度（運用状況）
・入居者の訓練参加の難易度

③ **達成度（上達度）**
・訓練目的の満足度：行為の理解度（事前教育の理解度）
・上達度（避難時間の短縮、避難動線の最適化）
・参加職員からの問題点の発掘と解決手法の提案
・訓練目標時間内での訓練時間の達成

6.6.4　訓練チェックシートでの施設の独自性の確認
　一般的に本研究会のＪＡＦＰＥ防火技術者のような専門家に施設を診断する以外には、なかなか自分の施設の火災時の長所、短所を含めて施設独自の対応策を作ることは難しい。
　付表の訓練実施後のチェックリストならびにグループワーク検討内容を実空間で実地確認する際のチェックリストは、**第３章**で提案された火災時の職員の標準行動に従って作成されたものである。訓練参加職員がこれらのチェックリストの各項目と自分らの行動を比較、対照することによって、自分らの行動が標準行動とどのように違っているのか確認することができる。
　個々の施設独自の火災時の対応策は、実はこれらの行為を通して検討・確認できる。チェックリストに記載された標準行動に対して自分らの行っている行為が異なっており、且つ自分らの行っている行為の方が妥当と判断したならば、何故、チェックリスト記載の標準行動ではなくその行為の方が妥当なのかを明らかにし、施設内に自施設の特徴として水平展開するとともに、施設の消防計画、訓練計画などを改訂しなければならない。

6.6.5　被災後の対応準備
　一般に、消防計画は出火前の事前対策から避難完了までの対応を考えているが、高齢者福祉施

第6章　より深い知識を求めている方のために

設の場合は、火災後の対応についても様々な事態を想定して対応策を講じておかないと、鎮火して消防隊が引き上げてから途方に暮れることになる。

　例えば、被災後の事後対応としてまず必要なのは、入居者を一時的に預かってくれる施設に移送することである。このような施設をあらかじめ探し、いざという時の相互協力体制等を構築しておけば、比較的早く事後対応に移行できるが、準備しておかなければ、入居者を戸外に長時間放置することにもなりかねない。火災発生時が冬の夜の悪天候時なら、その間に容態が急変する入居者が出る恐れすらある。

　他にも、入居者がそれぞれ必要とする服用薬、医療機器などをどう確保するか、引き取り可能な家族や親戚などへの連絡先をどう把握するかなど、高齢者福祉施設だからこそ準備しておく必要があることは多い。

　また、火災により死者が出れば施設職員や責任者は警察や消防機関の事情聴取で長時間拘束される可能性が高い。その間入居者の面倒は誰が見るのか、など、想像力を広げて対応を考えておくことも重要である。

　高齢者福祉施設であることを明らかにしたがらない施設もあるが、火災発生時及び火災後の施設の対応を考えると、通常時から地域住民との協力関係を維持することが重要である。

　施設内で出火した場合と、隣棟からの延焼で多少の違いはあるが、考慮すべき項目を列挙すると以下のとおりである。

① **入居者に関して**

　自力避難困難者に対しては、各個人にあった避難誘導方法（抱える、車椅子、レスキューシート等）。

　自力避難可能者に対しては、過緊張による硬直、執着心による避難拒否や再進入、興奮による叫び声や徘徊等への対策。

　入居者の当日の就寝場所や生活の場の確保。

　入居者の心理的ケア。

② **医療に関して**

　常備薬、医療機器の確保。

　外傷等負傷の応急手当、病院搬送、受診への対応。

　（保険証が持ち出せない場合を含めて）医療費の支払い立て替え金の準備。

　入院加療時の付き添い、病院側で配慮してほしい事項の説明、伝達。

③ **連絡、説明に関して**

　実家、関係者への連絡、報告、説明。

　マスコミへの広報対応。

④ **近隣に関して**

　近隣協力者へのお礼。

　近隣、関係者への類焼、水損、出火のお詫び。

⑤ **職員に関して**

　支援者の勤務体制の割り当て、配置換え。

　職員の心理的ケア（被災者、特に死傷者が出た場合）。

職員の雇用継続の確保、人的支援、増員、交代、業務集中、過労への配慮。

⑥　**警察、消防機関、市区町村の行政機関に関して**

死亡時の検死への対応（家族の呼び出し承諾）。

放火等犯罪行為の疑いがある場合の取調べ、拘留への対応。

警察による事情調取への対応と、弁護士への依頼。

―職員の場合、取り残された入居者の支援体制構築。

―入居者の場合、権利擁護のための即時支援、付き添い。

消防機関の火災調査への協力。

防火管理責任を問われる場合の対応（施設や施設責任者の家宅捜索）。

⑦　**保険会社に関して**

保険金の申請手続き、保険会社への連絡。

火災現場からの貴重品の持ち出し、保管（盗難防止、立ち入り制限対策）。

写真撮影。建物や家財の損傷など保険請求のために必要（外観、宅内の状況）。

再調達のための見積書の依頼。

⑧　**復旧・復興に関して**

再建、再開のための資金繰り。

再開に向けての復旧作業、復興再建。

新たな物件のリサーチ、募金活動呼びかけ。

⑨　**防災ツールに関して**

ヘッドライト（夜間火災の停電時に視界を確保。懐中電灯では両手の自由が効かない）。

防煙用マスク（タオルなどでも可）（煙の中での避難誘導の際は身をかがめて行動できない）。

バール、ハンマー（内鍵を掛けているドアをこじ開ける。外部からの救助）。

パトライト、発炎筒（近隣に非常事態を知らせる。周辺の通過交通を止める）。

6.7　高齢者福祉施設の建築と設備の解説

6.7.1　建築について

①　**施設の構造（図6.13参照）**

　施設がＲＣ造（鉄筋コンクリート造）の場合には、正常な消防活動が期待できる限り、通常の火災で崩壊に至ることは絶対にないと考えてよい。Ｓ造（鉄骨造）の場合にも、耐火被覆が適正に施工されていれば同様の性能は期待できる。

　また、ＲＣ造の場合には、煙や火炎・熱の伝達経路となる階段室やエレベータなどが建築基準法で定められた構造で形成され、かつ層間塞ぎ（上下階への火煙拡大要因となる隙間を塞ぐこと）や配管・配線の埋め戻しが確実に行われていれば、煙や熱が出火階以外に拡大しないように造られている。ただし、階段室に可燃物が置かれたり、自動閉鎖の防火扉が楔で止められて開閉に支障がある状態になっていたりすると、火煙が上階に拡大する可能性もあるので、階段部分を適正に維持管理する必要がある。

　準耐火建築物や木造建築物の場合には、火災の状況によっては比較的短い時間で倒壊する可能

第6章　より深い知識を求めている方のために

図6.13　鉄骨造（左）とＲＣ造（右）の例

性が残る。特に木造の場合には十数分で全焼・倒壊する場合もあり、火災が建物全域に拡大する前に入居者の避難を完了させる必要がある。

② 火災時の避難空間

本マニュアルでは、夜間の火災を想定して水平避難を戦略の中に位置づけている。火災発生から消防隊が駆けつけるまでの間、居住者と職員が火災階において避難する空間を確保する必要がある。もちろん、このような空間に避難することは予め消防機関とよく相談しておくとスムーズな救援活動に繋がる。

・ 前室等の一時待避場所の確保

他の用途の大きな空間などでは、階段室前に階段室へ避難するときに発生する避難者滞留時の安全のために前室が設置されている。このような空間は、火災時には消防隊の拠点となり、救援も円滑に行われる。バルコニーがない又は使えないような季節・地域的な状況においては、消防隊の救助を安全に待てるように配慮して、図6.14に示すように救助用エレベーター仕様にするとともにエレベーターロビー空間を非常時に区画化している施設も見られる。

しかし、多くの施設では経済的に厳しいため、階毎に避難や救援に便利な部屋を選択し、火災時には水平避難して一時的に篭城できるようにしておく方が現実的である。

このような目的のためには居室と共同生活室間の扉の確実な閉鎖機構の採用とその扉の遮煙性能の向上などの工夫が求められる。

一時避難場所としてバルコニーや居室を採用する場合は、必ず、梯子車や三連梯子などによる

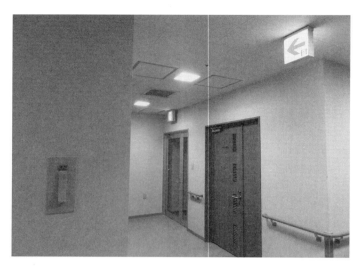

図6.14 救助用エレベーター
　　　 ロビーの例

救助活動のし易さなどについて、消防機関と相談して頂きたい。

- バルコニー

　建物の外周全部に避難に活用できるバルコニーがある場合（図6.15参照）は、出火場所から離れた位置まで入居者を退避させれば、そこは屋外であるから煙や火炎に巻き込まれることはない。また、バルコニーは下の階で発生した火災の噴出火炎の影響をくい止める役割も果たす。バルコニーがある場合には、避難の障害となる物品や延焼拡大の原因となる可燃物が置かれないように日ごろから管理することが重要である。

　しかし、雪国（図6.16、図6.17参照）や街中の中高層ビルの特別養護老人ホームのように、部分的なバルコニーしかない場合やバルコニー自体がない場合には、排煙設備を効果的に作動させ

図6.15　連続バルコニー

第6章 より深い知識を求めている方のために

図6.16 寒地のバルコニー設置例

図6.17 寒地のバルコニー内部

ることや建物内部の廊下を何段階にも扉などで区分して煙などの広がりを抑え、水平避難できるような安全ゾーンを確保することが重要な課題となる。また、避難訓練をしっかり行って、避難目標時間以内に入居者を安全な場所に退避させる努力の必要性がバルコニーのある場合に比べて大きくなることは言うまでもない。

最近増加傾向にあるユニット型（1居室に1人入居）の場合は、1ユニットの介護居住単位が防火区画と一致し、各居室がバルコニーに接していれば、避難安全の観点からも職員にとって安心できる建物といえる。

6.7.2 設備について

以下に示す消防用設備は、それぞれ火災の被害を防ぐ役割を持っており、適切に作動し、又は操作すれば、極めて有効である。消防法で設置が義務づけられていない場合でも、自主的に設置すれば、火災発生時の職員の負担を軽減させるのに効果がある。

以下の設備が設置されている場合には、適切に機能するように維持管理することが大切である。適切に維持管理されていない場合は、無い場合と同じである。また、扉や排煙設備など人手を介して作動操作する設備なども、それらの設備の存在や操作方法を知っていなければ、役に立たないので、講習や訓練が必要である。

① 排煙設備

火災の初期は煙の温度は一般に低い。この煙を空間の比較的高い位置で屋外に排出する役割を果たすのが排煙設備である。煙感知器と連動して機械的に排煙する方法と手動開放装置を操作して排煙窓を開けて煙を排出する自然排煙の方法がある。

・ **自然排煙方式の特徴**

自然排煙方式の場合は煙が周囲の空気よりも高いことより浮力が生じこれを利用して、直接外気に面する窓や排煙口等から煙を屋外に排出する方式である。天井高が高く、排煙口が高い位置にあるほど、排煙能力は上がる。可能であれば図6.18に示すように天井の近傍近くに設置される

図6.18 良い自然排煙口の設置例

ことを薦める。

　ファンなどを必要とせず、電源などの動力源が不要で駆動時間に制限がなく、停電による機能停止のおそれがなく、煙が高温になっても排煙を続けることができる利点がある。しかし、室が外壁に面していないと設置できないことや、外部の風向や風速などの条件次第で、外気が排煙口から逆流するおそれがある等の欠点もある。

　その他に図6.19や図6.20に示すように採光の為にトップライトを採用している施設が見受けられる。このトップライトは排煙という観点からは非常に優れた設備にもなるので、非常時には排煙設備と同様に直ちに開放できるように計画に取り込むべきである。

- **自然排煙方式で注意すること**

　火災室に自然排煙口がある場合、排煙装置の手動開放装置が火災室の奥の窓際にあることが多いため、初期消火ができない場合には、排煙口の開放を無理に行わず、入居者を迅速に室外に退避させ、当該居室の扉を閉鎖することを優先的に行う。次いで、廊下の排煙口を開放する。

- **排煙の区画とユニット毎の区画について**

　最近増加しているユニット型の施設の場合、夜間の少ない介護職員による介護サービスを円滑に実施することを優先して同一階のユニット間の扉を開放しておく例が見られる。また、共用室

図6.19　中庭に設置されたトップライト　　図6.20　廊下から見たトップライトを設置した中庭空間

第6章 より深い知識を求めている方のために

図6.21 共通エリアからユニット入り口の状況

図6.22 ユニット間の区画に設置された欄間の状況

の排煙確保のために欄間を開放状態にする（図6.21、図6.22）など煙が広範囲に広がりやすい状況になっている施設も見られる。

上記の欄間による排煙確保の問題は、設計時に設定された排煙区画が必ずしも介護単位のユニットと一致していないことに起因している。高齢者福祉施設の多くは、機械排煙ではなく、窓などを利用した自然排煙方式を採用しているが、外壁に面する排煙として利用できる窓などは限られているので、苦し紛れに欄間を開放し他の部屋を介して排煙する設計となっている。必ずしも建築基準法違反ではないのだが、これまで述べてきた避難誘導戦略とは大きく背理した設計である。このような施設については、建築設計者や建築主事に相談の上、早期の改善工夫が必要である。

② 感知ならびに通報設備
・ 感知器

自動火災報知設備は感知器により火災の発生を感知し、受信機に火災場所を表示させるとともに、自動的に火災警報を鳴動させる。

感知器のうち熱感知器（図6.23参照）は、炎が立ち上がらないと作動しないので、煙感知器（図6.24参照）の方が早期火災感知には有効である。

火災通報後、火災現場に駆けつけるために扉を開ける必要がある場合、どのような種類の感知器が設置されているのか、注意が必要である。煙感知器に比べて熱感知器が設置されている場合は、火災発生からかなり火が成長しているものと考えた方がよい。本当に火災が発生しているの

図6.23 熱感知器（左は定温式、右は差動式）　　図6.24 煙感知器

((一社)日本火災報知工業会のホームページから引用)

か、火源位置の確認の為に扉を開ける場合なども、扉の取っ手などもかなり高温になっている可能性があるので、火災室と反対側の扉の表面を手の甲で触って、高温で無いことを確認した方がよい。

- 自動火災報知設備

 自動火災報知設備が設置されていないと、火災が発生した場合に発見が遅れ、有効な避難時間がそれだけ不足することになり、致命的な結果に至る可能性が高い。現在では、自動火災報知設備は宿泊を伴う高齢者福祉施設には原則として全て設置が義務づけられている。未設置の場合には直ちに設置しなければならない。

 自動火災報知設備の作動時間については感知器の作動時間に加えて、火災でないのに作動するのを防ぐために20秒程度作動を遅らせているので、注意が必要である。

 近年は自動火災報知設備のバリエーションが広がっている。

 延床面積が300㎡未満の施設については、「特定小規模施設用自動火災報知設備」という、従来の自動火災報知設備より住宅用火災警報器に近い手軽で安価なタイプのものも設置が認められている。

 また、作動した感知器のアドレスを、部屋番号別に受信機及び表示機（守衛室や各階のスタッフ室に設置される）に表示できる比較的安価なタイプのものも開発されている。このタイプは、火災箇所を素早く発見するのに適している。

 いずれも、コスト面、運営管理面でメリットが大きいので、有力な選択肢として検討されると良いだろう。

- 火災通報装置（図6.25参照）

 火災を覚知したとき、火災が発生した旨及び予め登録された施設名称、住所などを手動（ワンタッチ）操作で消防機関へ通報する設備である。

 平成27年4月1日から、宿泊を伴う高齢者福祉施設に設置される火災通報装置は、火災感知器の作動と連動して消防機関に自動通報するよう措置することが義務づけられたが、その場合でも、火災の発生を知った場合には、原則として押しボタンを押して通報動作を行うべきである。

図6.25　自動通報設備の例

- 消防機関への火災通報の方針

 一般加入電話による火災通報は一定の時間がかかる。受話器をとり、１１９番をして、火災通報し、スムーズかつ冷静に消防機関の質問に答えたとしても、2〜3分かかることも少なくない。インターネット用に電話回線を利用している場合などは、受話器をとって少し時間を置いて通話音を聞いてからダイヤルしないと繋がらないケースもある。目の前で火事が起きている時に、受話器をとって少し時間を置く気持ちの余裕はあるだろうか。職員が少ない夜間の場合、火災通報以外にも行わなければならないことが沢山ある。

 火災通報装置は、押しボタンを押す一動作だけで通報できるので、夜間の火災時の通報には必ず使うようにしなければならない。火災通報装置を使って通報すると、消防機関から折り返し確

第6章 より深い知識を求めている方のために

認の電話がかかって来るが、この電話に出ることはやめるべきである。電話に出てしまうと、施設の名称と共に住所や目標となる建物、負傷者の状況等を聞かれるなど対応に時間がかかり、迅速な火災対応が出来なくなるからである。電話に出なければ、消防機関は本当の火災と判断して出場するので、心配する必要はない。

- **火災通報装置で知られていないこと**

火災通報装置は、アナログ電話回線を想定している。最近では、通信料金を安くする目的で、ＩＰ電話の普及が進んでいるが、火災通報装置の回線にＩＰ電話を使用してしまうことにより１１９番通報に混乱を起こさせる例が発生している。

火災通報装置の点検は、消防設備士や点検資格者が行うが、通信回線の確認をしない場合がある。ＩＰ電話回線でないことの確認が必要である。

③ 消火設備

- **消火可能な火災とは？**

職員が火災警報を受信したとき最初に操作する消防用設備は消火器である。このことから消防機関の指導による訓練ではこの操作訓練に時間を割く場合が多い。しかし、上手く消せるかを気にするあまり、消火器による消火の限界を知ることが出来にくい状況である。特に、夜間火災のように、介護職員が少ない中で多くのことを実施しなければならない状況では、初期消火にのみ気を取られ過ぎると大切な避難の機会を逃がす可能性が大きくなる。したがって素人が確実に消火できる目安を知ることが重要となる。

一般的には発生した火炎の高さが腰の高さ（１ｍ程度）までとし、それよりも高くなっている場合は避難した方がよい。その理由としては、目視でとらえている火炎よりも上部に高温領域が発達しておりその高さは眼でとらえている火炎の２倍程度まで発達している為である。部屋の高さが２ｍ程度であることを考えると、火炎の高さが腰の高さ程度で高温領域が天井や周囲の物品まで到達し、消火活動に夢中になっていると逃げ遅れる可能性が高いためである（**図6.26参照**）。

- **消火器にも種類がある**

初期消火に用いる代表的な消火器には、粉末式消火器、強化液消火器の２種類がある。また、消火剤を噴出する方式として加圧式と蓄圧式の２種類がある（**図6.27参照**）。

粉末式は、消火能力が高いが、噴出後、消火薬剤が舞って視界を遮ることや放射後の薬剤の処理が厄介という欠点もある。消火器の特徴を理解して使うことが望ましい。

図6.26 火災発見時の状況

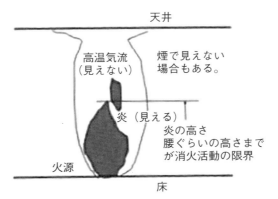

図6.27　代表的な消火器の種類

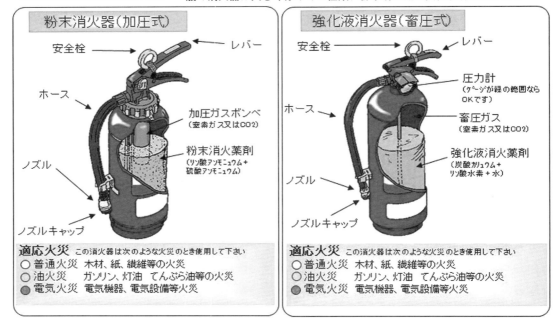

　消火器は、正しく使えば手軽で消火効果も高いが、使用にあたり覚えておくべきことが3つある。
　第一は放射時間である。一般的な小型粉末消火器では放射時間が15〜20秒であり、大型のタイプでも30秒程度と意外に短い。
　第二は放射距離である。一般的な消火器は約4〜5mなので、火元まで3m程度まで近づいてから、筒先を火元に向けて固定し放射する。慣れない人は火炎の熱さに驚いて火元に十分近づかない内から放射を始めてしまうため、消火剤が届く距離に近づいた時には薬剤がなくなって消火できないことがある。
　第三に、放射目標をはずさないことである。火元を見定めないままに、庭に散水するように筒先を振り回す結果、「火元を一気に薬剤で覆う」という消火器本来の正しい使い方ができず、消火しきれないことがある。狭い部屋で火元から離れた場所で放射すると、粉末が一気に部屋中に広がるために視界が真っ白になり、肝心の火元の位置が分からなくなってしまうという失敗例もある。

・　スプリンクラー（水道連結型スプリンクラーを含む）設備
　火炎が天井部分に到達してしばらくするとスプリンクラーヘッド（図6.28参照）が熱で熔融・開栓し一定の範囲に自動的に放水を開始し、火災の拡大を抑える役割を果たす。宿泊を伴う高齢者福祉施設の場合、平成27年4月1日以降、延べ面積の如何にかかわらず、原則として設置することが義務づけられた。
　スプリンクラー設備が設置されていれば、消火器や屋内消火栓による初期消火には失敗しても、「スプリンクラーが火災を食い止めてくれる」と期待して避難誘導等に勢力を割けばよい。

第6章 より深い知識を求めている方のために

図6.28 スプリンクラーヘッドの例

　火災が発生すると、スプリンクラー設備が作動するまでは、火勢が強くなり煙も充満してくるので、火災の発生場所にいる入居者を煙の来ない安全な場所に退避させる必要がある。煙の発生・充満速度は燃えるものの燃え方や量、部屋の大きさなどによって異なる。

　グループホームは、比較的小規模な建物も多いため、簡易型スプリンクラー設備（水道連結型）が認められている。水道連結型スプリンクラーとは、一般水道の給水管を水源とするもので、水圧が確保できれば専用のポンプや電源も不要である。なお、通常のスプリンクラー設備（ヘッド1個あたり80リットル／分、土砂降りの雨状態）と比較して、放水量が低く設定（ヘッド1個あたり15リットル／分、庭木に水をまく程度の水量）されている。水道連結型スプリンクラーは、断水時には機能しない、近隣の他住戸で大量の水を使っている時間帯（風呂等）は水量が低減する、圧力を確保するため加圧ポンプを設けても出火後停電すれば作動しない、冬季の凍結対策が必要などの限界も知っておかなければならない。火災発生時には自施設での他の用途の水使用を停止するように注意喚起をした方がよい。

　水道連結型のスプリンクラーの消火性能は一般のスプリンクラーに比べて低いが、一定の火災拡大阻止能力はある。比較的低廉な価格で短時間に施工できるので、未設置の施設は、このタイプのスプリンクラーの設置を検討すべきである。この場合、内装材（特に天井材）は準不燃材料（石膏ボード等）とすることを考えるべきである。

　なお、建物構造や立地等によりスプリンクラー設備や水道連結型スプリンクラー設備の設置が難しい場合は、代わりにパッケージ型自動消火設備の設置を検討する。この設備は、スプリンクラー設備と同様に火災を感知すると自動的に消火する設備で、水の代わりに消火薬剤を放出するので、水より消火能力は高いが、消火薬剤がなくなるまでしか消火できない。小規模施設（特に既存のもの）に設置する場合には、工事が簡単で費用も比較的少なくて済むので、選択肢として考えて良い。

・　スプリンクラーの放水を止める時に注意すること

　スプリンクラー設備の消火の成功率は高い一方、東日本大震災ではスプリンクラー設備が地震により破損して水漏れするなどの被害が報告されている。火災時のスプリンクラーの放水の原理の他、配管からの水漏れを止める上で知っておかなければならないこと、そのための操作方法などを示す。

図6.29　スプリンクラーの停止手順

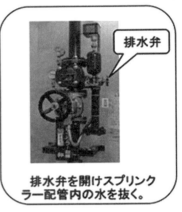

1・制御弁を閉める
制御弁は力いっぱい閉める。

2・圧力計が下がるか確認
制御弁を閉めても圧力計に変化が無ければ放水系統を間違えている可能性がある。圧力計が下がらない場合は排水弁を開けないこと。

3・アラーム排水弁開ける
※圧力計が下がらない場合は系統を間違えている可能性がある。排水弁を開けないこと。

　火災によるスプリンクラーヘッドの開栓又は配管等の破損により配管内の圧力が低下すると消火ポンプ（加圧送水装置）が自動起動する。消火活動終了時や破損漏水した場合の水損防止の為には、スプリンクラーの放水を停止させなければならない。消火ポンプがある場合の例を図6.29に示す手順で説明する。
ⅰ　各階に設置されている制御弁を閉める。
ⅱ　放水系統を間違っている可能性があるので、制御弁の上に設置されている圧力計が下がっているか確認する。
ⅲ　アラーム排水弁を開ける。
　この操作を行わないで、消火ポンプの停止スイッチを押して、送水を停止しても、配管内の圧力が低下していると消火ポンプは自動的に再起動する。なお、消火ポンプが設置されていない水道連結型スプリンクラー設備の場合は、制御弁を閉止することで放水を停止できる。

6.7.3　その他の注意事項

　平成26年度の消防法令の改正により、ほとんどの高齢者施設には、自動消火設備として信頼性が高いスプリンクラー設備の設置が義務づけられ、延焼拡大の防止が期待できるようになったが、これに伴う注意事項を示す。
　スプリンクラー設備の設置によって、何もしなくてもよくなったのかというと、必ずしもそうではなく、特に小規模な施設に設置されている水道連結方式の場合は水量も少なく、必ず消火・抑制できるとはいえず、従来どおり、初期の避難活動は必要不可欠である。
　ほとんどの高齢者福祉施設は、火災時の排煙設備として自然排煙方式を採用しているが、火災時にスプリンクラー設備の作動に伴って放出される水滴群によって部屋の煙はかき混ぜられるとともに潜熱によって火災時の熱による浮力は奪われ、このために、自然排煙方式の排煙効果は小

第6章　より深い知識を求めている方のために

図6.30　感知器とスプリンクラー作動の時間

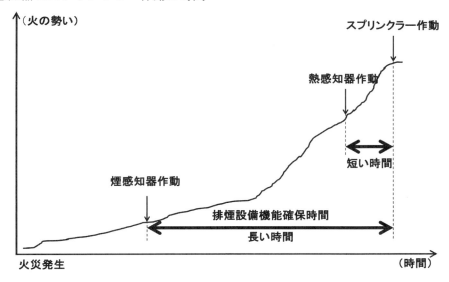

さくなる恐れがある。

　つまり、安全のために設置されたスプリンクラー設備によって、煙層の降下と避難時に煙を排出する排煙設備の機能が低下する可能性が高くなる。

　このために、図6.30に示すようにスプリンクラー設備が作動する前になるべく早く火災感知をし、避難時間の確保をしながら排煙設備の機能確保を図る必要がある。

　対策としては、感知器のうち熱感知器はほぼスプリンクラー設備と同時間に感知するので、すでに設置されている場合は、煙感知器に変更する方が望ましい。

　さらに、火災階の自然排煙による排煙効果が小さくなるので、消防隊が駆けつけるまでの避難の為には機械排煙方式の採用もしくは、区画の多重設置が必要になってくる。一般的には、機械排煙方式は高額なので、比較的コストが安くてすむ区画の多重化ならびに避難拠点の設置がよいであろう。消防用設備等と比較して維持点検が見逃されやすい排煙設備の維持管理は重要である。

　この場合の区画化については、6.7.2①（P.89）に述べたように、介護の立場の見通しのよいことが求められることと相反することになる。通常時にはこの区画は不必要であるから、非常時に区画化する設備などの導入を薦める。また、この区画化に用いる設備は必ずしも防火仕様で無くてもよく、火災初期の煙の拡がりを防止できる不燃仕様でよい。

付録

付表1　施設年間防火教育・訓練計画表例

年　　月　　日　作成者：

		教育		訓練				備考
		担当者	FIG	部分訓練	部分訓練	部分訓練	総合訓練	
目標								
実施時期								
想定する季節								
想定する時間帯								
想定する火源								
対象階								
訓練参加者	介護士							新規採用職員や異動職員
	看護師							
	相談員							
	栄養士							
	事務職							
	委託業者							
	入居者							
	消防機関							
	周辺住民							
	他の施設							
評価者								
評価結果								
課題等								

付　　録

付表2　教育・訓練計画個人記録シート例

年　評価者：

職員 氏名	種類	項①	項②	項③	項④	項⑤	総合
	訓練						
	教育						
	評価						
	訓練						
	教育						
	評価						
	訓練						
	教育						
	評価						
	訓練						
	教育						
	評価						
	訓練						
	教育						
	評価						
	訓練						
	教育						
	評価						
	訓練						
	教育						
	評価						
	訓練						
	教育						
	評価						
	訓練						
	教育						
	評価						

付表3　夜間職員の火災時の行動（経過時間表）

	A：リーダー	時間※	B：火災階にいる職員	時間※	C：非火災階にいる職員	時間※	備考
1	自動火災報知設備の鳴動を聞き、受信機により火災を確認する。		ー	ー	ー	ー	自動火災報知設備作動。
2	火災通報装置の押しボタンを押して消防機関へ通報する。		ー	ー	ー	ー	消防隊の出動。
3	火災発生の放送、火災階への集合を指示する。		ー	ー	ー	ー	
4	消火器を持ち、火災階へ集合する。通過した防火扉は閉鎖。		消火器を持って火災箇所を探し、発見後は大声で他の職員を集める。		消火器を持ち、火災階へ集合する。通過した防火扉は閉鎖。		
5	火災箇所を探し、発見後は大声で他の職員を集める。				火災箇所を探し、発見後は大声で他の職員を集める。		
6	入居者を救出する。		入居者を救出する。		入居者を救出する。		
7	消火器により、初期消火を行う。		消火器により、初期消火を行う。		消火器により、初期消火を行う。		
8	火災室の廊下側開口部を閉鎖する。		救出した入居者を最寄りのより安全な個室に収容する。		救出した入居者を最寄りのより安全な個室に収容する。		
9	救出した入居者を最寄りのより安全な場所に退避させる。		火災階の全個室のバルコニー側開口の解錠と廊下側開口部の閉鎖をする。		個室以外の室の未施錠がないか確認し、自室又は最寄りのより安全な個室に収容する。		トイレにダミー入居者を配置。
10	廊下の火災室近傍に位置し、全体の状況を監視する。				廊下の排煙をする。		
11	消防機関に通報し、現在の状況を報告する。				火災階の全階段室の防火扉の閉鎖を確認する。		防火扉1枚をダミーで開放。

No.				時間
12	必要に応じ、他の職員に指示を出す。	（自分の任務終了後は、未終了の業務を補佐する。）	自分の任務終了後は、未終了の業務を補佐する。	全員報告時点の時間を「完了時間」とする。
13	廊下に出て来た入居者がいたら、自ら又は誰かに指示して自室に戻す。	リーダーに、任務完了を報告し、指示を待つ。	リーダーに、任務完了を報告し、指示を待つ。	煙が廊下に充満し、危険と廊下との合図。
14	危険と判断したら、他の職員とともに、最も危険とされる個室に入り、当該室廊下側開口部を閉鎖し、入居者をバルコニーに避難させる	リーダーの指示に従い、最も危険とされる個室に入り、当該室廊下側開口部を閉鎖し、入居者全員をバルコニーに避難させる	リーダーの指示に従い、最も危険とされる個室に入り、当該室廊下側開口部を閉鎖し、入居者全員をバルコニーに避難させる。	
15	バルコニー経由で、次に危険になると予想される隣室に入居者のうち一名をバルコニーに避難させる。	バルコニー経由で、次に危険になると予想される隣室に入り、入居者をバルコニーに避難させる	バルコニー経由で、次に危険になると予想される隣室に入り、入居者をバルコニーに避難させる。	
16	出入り口に移動し、消防隊に状況を報告し、指示を受ける。	（消防隊の指示があるまで続行）	（消防隊の指示があるまで続行）	消防隊到着の合図。

※「時間」の欄には、自動火災報知設備作動時からの経過時間を記入する。

付表4　訓練開催記録シート例

（　申告者　　　　　　）　　　　　　　　　　　　　　　　年　　　月　　　日

タイトル							
目的							
参加者	施設職員						
	施設関係者						
	入居者						
	周辺住民						
	消防関係者						
実施時期	季節						
	時間						
空間	階						
	エリア						
訓練項目							
教育							
備考							

付　　録

付表5　訓練実施後のチェックリスト

訓練の準備	実施者	備考
（訓練の実施前に確認する）		
□　事前に消防機関に訓練の旨を連絡したか		
□　訓練に対応する職員全員にチェックマンをつけたか		
□　避難の目標時間を設定したか		
□　各行動の役割分担（通報、排煙、扉閉鎖、初期消火、避難誘導、出火階駆付けも含む）は決まっているか		
□　職員間の連絡手段を周知したか（ケータイ、ＰＨＳ等）		
□　職員の介助が必要な入居者が誰か、またその搬送手段を訓練参加者が認識したか		

（以下、実行動訓練を実施した後にチェック）

火災の覚知、出火室の確認、情報共有	実施者	備考
□　出火階と出火エリアを自火報盤で確認したか ※自火報盤や通報装置の設置階を担当する職員が実施		
□　出火階と出火エリアを館内放送したか		

通報	実施者	備考
□　通報したか		
□　通報装置の押しボタンで通報したか ※夜間想定なら消防機関の折り返し電話に対応しない ※自火報連動で自動通報される場合は実施しない		
□　通報では伝えるべき内容（下記参照）を伝えたか ※施設名称、階数、住所、在館者数等） ※通報装置の押ボタンで対応する場合は、通報装置に予め吹き込まれた音声に左記が含まれているか		

職員の火災階への集合	実施者	備考
□　訓練に対応する職員の全員または４～５人以上が出火階に参集したか ※ユニットと防火防煙区画が一致する場合は、出火階→出火ユニットと読み替える		
□　出火室の入居者を全員室外に救出したか（個室の場合）		

初期消火	実施者	備考
☐　初期消火を行ったか		
☐　出火場所や初期消火状況を防災センターに伝えたか		
☐　消火器は火元を狙ったか		
☐　消火器の操作に手間取らなかったか		

火災閉じ込め	実施者	備考
☐　出火室の扉を閉めたか（隙間はないか）		

火煙の拡大の遅延（扉の閉鎖、排煙）	実施者	備考
☐　出火階の他の全ての部屋の扉を閉めたか 　　※ユニットと防火防煙区画が一致する場合は、出火ユ 　　　ニット内の個室扉とユニット間の扉を閉鎖する		
☐　出火階の階段前の扉が閉まっていることを確認したか		
☐　出火階の廊下や共用エリアの窓を開けたか 　　※ユニットと防火防煙区画が一致する場合は、出火階→ 　　　出火ユニットと読み替える		

避難誘導、トイレ等の捜索、水平避難	実施者	備考
（必須項目）		
☐　避難誘導を行ったか		
☐　出火階の全ての個室のバルコニー側出入口を解錠したか		
☐　個室以外のトイレ等にいる入居者全員を個室に戻したか		
☐　車イスを必要とする入居者の個室に車イスがあるか		
☐　避難誘導中どの入居者を避難させ、どの入居者が残って 　　いるか、職員は判別できたか		
☐　職員は、煙が広がった場所を通らずに活動できたか		
☐　避難誘導実施後、避難状況をリーダーに伝えたか		
☐　訓練開始からここまでの時間［T］は、予め定められた 　　避難の目標時間より短いか（以下に記入）		

訓練開始から避難完了までに要した時間［T］
分　　　　　　　秒

目標時間
分　　　　　　　秒

付　　録

（できれば実施が望ましい事項）	実施者	備考
☐　上記車イスには、必要な薬類や、冬季であれば毛布等の暖房具が備えられているか		
☐　火元に近い個室の入居者や、介助が必要な自力歩行者から優先的にバルコニー等の一時避難場所に出したか		

消防隊への報告	実施者	備考
☐　消防隊への報告を訓練で実施したか		
☐　報告者は、煙に汚染されていない通路を通って消防隊のところに移動できたか		
☐　出火場所（階＆エリア）、在館者数（入居者＆施設職員）、対応状況（初期消火＆避難誘導）を消防隊に伝えたか		

付表6　時間チャートの一例

冬期／夏期	出火後経過時間				
	3分	30分	300分 （5時間後）	3,000分 （約2日後）	30,000分 （約3週間後）
0時					
1時					
2時					
3時					
4時					
5時					
6時					
7時					
8時					
9時					
10時					
11時					
12時					
13時					
14時					
15時					
16時					
17時					
18時					
19時					
20時					
21時					
22時					
23時					

※冬期または夏期の何時に出火したら、経過時間ごとにどんなイベント（不都合）が起きるか、考え、記入していく。トータルで見て最も不都合なケースを選択する。

付　録

付表7　グループワーク検討内容を実空間で実地確認する際のチェックリスト

訓練の前提条件
☐　最も火災が起こりやすい場所や火災を見つけにくい場所、被害が拡大しやすい場所を想定しているか
☐　夜間の職員が少ない時間帯、もしくは日中でも入居者が多く且つ居室にいない時間帯など、厳しい時間帯を想定しているか
☐　アルバイトの職員など設備に不慣れな人も対応できるようにしているか
☐　職員間でリーダーを決めているか
☐　避難の目標時間を定めているか

火災の覚知、出火室の確認、情報共有
☐　個室を施錠している入居者がいる場合、マスターキーを直ぐに取り出せるようにするなど対策してあるか
☐　火災が発生したことや、出火階・エリアを各階職員間で共有できるようになっているか
☐　出火室の探索方法や扉の開け方などに無理はないか？扉が熱くて触れなかったときのために軍手を着用するなど対策しているか
☐　職員間の連絡手段は、火災時の騒音下でも連絡ができるものであるか

通報
☐　消防機関に通報が行くようになっているか
☐　通報装置がどこにあるか、全職員が把握しているか
☐　通報のやり方は、自動通報または通報装置のボタンを押すだけに止めているか（消防機関からの折り返し電話に出ないことになっていないか）
☐　通報装置には十分な内容（住所、施設名称、在館者数（入居者＆職員））が吹き込まれているか

職員の火災階への集合・出火室内の入居者の救出
☐　火災階以外の職員が、担当階の入居者を置いて直ちに火災階に駆けつけられるか。すぐに駆けつけることが無理なら、どのくらいの時間ロスがあるか、またそれを含めた行動戦術になっているか
☐　職員が出火階に集まる場合、出火階のどこに集まるか、決めてあるか
☐　出火室が居室の場合、出火室の入居者を全員室外に救出し、扉を閉め、煙の拡散を防止することにしているか

初期消火

- ☐ 夜間想定の訓練の場合、初期消火に無駄に時間を掛けていないか
- ☐ 初期消火の結果を館内の職員が共有できるようになっているか

火災閉じ込め

- ☐ 出火室の扉を閉め、煙を廊下等の共用エリアに出さないようにしているか
- ☐ 施設内の全ての部屋の扉は、隙間なく閉まるようになっているか

火煙の拡大の遅延（扉の閉鎖、排煙）

- ☐ 出火階の廊下等の共用エリアに面する扉（部屋の扉だけでなく、ユニットエントランスの扉など、全ての扉）を閉めることにしているか
- ☐ 出火階の階段室の扉を閉めることにしているか
- ☐ 自動火災報知設備に連動して自動で閉まる防火扉を手動で閉めることにしていないか
- ☐ 出火階の廊下や共用エリアに屋外に面する窓がある場合、それを開くことにしているか

トイレ等の共用エリアの捜索

- ☐ トイレなど、個室以外の部屋も入居者を捜索することにしているか

一時避難場所

- ☐ 設定した一時避難場所は、次の①②の条件をいずれも満たしているか
  ①火災階と同一階である
  ②バルコニーまたは火災や煙に対して扉と壁で隔離された安全な空間（個室も含む）である
- ☐ 設定した一時避難場所は、職員の共通認識として共有されているか

避難誘導（水平避難）

- ☐ 避難の目標時間以内に避難行動が収まりそうか
- ☐ 避難の目標時間を職員の共通認識として共有しているか
- ☐ バルコニー避難の場合、個室のバルコニー側窓の解錠方法は決めてあるか
- ☐ 避難誘導が終わっていない居室と避難誘導が終わった居室とを、部屋の外から見て判別できるようにしているか。
- ☐ 一時避難場所に集合している人数を確認することにしてあるかまた不足している場合の対応は考えてあるか

付　録

☐　職員は、出火場所を通らずに避難誘導することができるか
☐　避難誘導実施後、避難状況（入居者や職員の人数と避難場所）をリーダーもしくは他の職員に伝達する手段は用意してあるか
☐　火災階の水平避難場所は、消防隊や消防隊以外の救援者が駆けつけることが可能な場所か

消防隊への報告
☐　自施設の非常時の行動を消防機関に届けているか
☐　誰が消防隊に報告するのか決まっているか
☐　消防隊に何を伝えるのか（入居者や職員の人数と避難場所）、施設の平面図や事務書類、入居者情報を、別途、火災事後、用意できるのか

付表8　訓練評価記録シート例

（測定者　　　　　　評価者　　　　　　　）　年　月　日

防火・避難 訓練項目	訓練項目	教育 知識	計画 内容	実 活動	選定 条件	訓練 状況	訓練 時間	評価
①火災の覚知	空間の認知							
	自火報受信機の操作							
	職員間の連絡							
②通報、火災の確認と職員の火災階への集合	通報装置を用いて通報							
	自火報作動の区域特定							
	火災確認							
	放送設備による放送							
	職員間の連絡							
	他階職員が駆付ける訓練							
③初期消火と出火室内入居者の救出及び火煙の閉じ込め	放送等での火災階指示							
	出火箇所を探索							
	リーダー決定、行動指示							
	火災場所確認後発声							
	火災室の入居者の救出							
	消火器での消火							
	消火失敗・不明時の対応							
④火災階個室のバルコニー側と廊下側開口部への対応	火災階の他の個室の扉の開閉訓練（火災室が個室の場合と共通エリアの場合の2通り）							
	バルコニー側出入口解錠							
⑤排煙	廊下共通空間排煙口開放							
⑥個室待機指示	入居者への待機指示							
⑦水平避難	バルコニー側からの救出							
	（バルコニーが使えない場合）火災階の一時避難場所への避難訓練							
	入居者と職員の安全確認							
⑧消防隊の到着と報告	消防隊到着時の解錠・報告訓練							

付　録

別紙　訓練参加者用アンケート例

訓練実施日：平成　　　年　　　月　　　日

回答日　　　月　　　日

実施責任者：＿＿＿＿＿＿＿＿＿＿＿＿＿＿＿＿＿

今回の防火訓練に参加された方にお聞きします。（該当する項目に○をつけてください。）

⑴　個人の条件

設問１．あなたは次のどのグループに所属しますか？

（１：介護士、２：看護師、３：相談員、４：栄養士、５：事務、６：委託業者、７：入居者、８：消防機関、９：周辺住民、10：その他）

設問２．あなたは自分の施設の訓練の年間計画を知っていますか？

（１：Yes、　２：No）

設問３．あなたは今回の訓練の目的を知っていますか？　（１：Yes、　２：No）

設問４．あなたは、今回の訓練に先立ち、今回の訓練に関係する何らかの教育を受けていましたか？

（１：Yes、　２：No）

設問５．あなたは、今回の訓練前もしくは今回の訓練時にＦＩＧ訓練（火災図上訓練：Fire Image Game）を行いましたか？　（１：Yes、　２：No）

⑵　選定条件の認識

設問６．火災位置はすぐに見つけられましたか？　（１：Yes、　２：No）

設問７．その位置では廊下に煙が拡がり易かったですか？　（１：Yes、　２：No）

設問８．今回の訓練場所は他の階に連絡が難しい位置ですか？

（１：Yes、　２：No）

設問９．今回の訓練場所は避難が難しい位置ですか？　（１：Yes、　２：No）

設問10．今回の訓練時間は職員が最も少ない時間帯でしたか？

（１：Yes、　２：No）

⑶　訓練状況の認識

設問11．訓練中、自分の役割はスムーズにできましたか？　（１：Yes、　２：No）

設問12．訓練中、何をしたらよいのか戸惑ったり、他の人の到着を待つ時間がありましたか？

（１：Yes、　２：No）

設問13．訓練中、あなたにどのような連絡が入り、次の人にどのような連絡を送らなければならないのか解っていましたか？　（１：Yes、　２：No）

設問14．訓練終了後、きちんと報告ができたと思いますか？

（１：Yes、　２：No）

設問15. 誰がリーダーで指示を出していたのか解りましたか？

　　　（1：Yes、　2：No）

設問16. 訓練中、関係者全員協力をして助け合っていましたか？

　　　（1：Yes、　2：No）

設問17. あなたは入居者を避難させる時に外部まで無駄のない動きをしましたか？

　　　　　　　　　　　　　　　　　　　　　　　　　　　　（1：Yes、　2：No）

設問18. あなたが関係した防災設備で解らないことがありましたか？

　　　（1：Yes、　2：No）

設問19. あなたが動かした防災設備は無事作動し、その効果を確認しましたか？

　　　（1：Yes、　2：No）

設問20. あなたはもっと別な防災設備があれば良いと思いましたか？

　　　（1：Yes、　2：No）

　　　Yesの場合その設備を記入してください

　　　（　　　　　　　　　　　　　　　　　　　　　　　　　　　　）

設問21. 施設入居者の訓練参加は如何でしたか？　（1：難しい、2：簡単）

⑷　達成度（上達度）

設問22. FIG訓練は有効だと思いますか？　（0：未実施、1：Yes、　2：No）

設問23. 今回の訓練目的がすぐに理解できましたか？　（1：Yes、　2：No）

設問24. 今回の訓練内容を理解しながら行動できましたか？　（1：Yes、　2：No）

設問25.（以前の訓練に比べて）避難時間は短縮できたと思う。　（1：Yes、　2：No）

　　　（　）：以前に訓練を行ったことが無い人は今回の訓練だけで記入してください。

設問26.（以前の訓練に比べて）避難動線が短くなったと思う。　（1：Yes、　2：No）

設問27.（以前の訓練に比べて）情報伝達がスムーズになったと思う。　（1：Yes、　2：No）

設問28. 伝達すべき情報を記入してください。（何個でも良いです。）

　　　（1：　　　　2：　　　　3：　　　　4：　　　　5：　　　　6：

　　　　7：　　　　8：　　　　9：　　　10：　　　11：　　　12：　　　　）

設問29. あなたは今回の訓練に何かしら問題があると感じましたか？　（1：Yes、　2：No）

　　　1：Yesの場合、どのようにすれば解決すると思いますか？

　　　（　　　　　　　　　　　　　　　　　　　　　　　　　　　　）

設問30. あなたは今回の訓練よりも良い訓練方法があると思いますか？ある場合は、（　）の中に記入

　　　してください。

　　　（　　　　　　　　　　　　　　　　　　　　　　　　　　　　）

　　　　　　　　　　　　　　　　　　以上で終わりです。有り難うございました。

〈表紙及びP.46のイラスト〉葛窪真紀子

編集・著作権及び
出版発行権あり
無断複製転載を禁ず

高齢者福祉施設の夜間火災時の
防火・避難マニュアル〔第二版〕
―特別養護老人ホームを例として―

定価　（本体1,200円＋税）

著者　特定非営利活動法人 日本防火技術者協会
　　　老人福祉施設・学校教育施設の避難安全性に関する研究会
発行　平成27年5月11日　初版第一刷発行
　　　令和7年4月12日　第二版第一刷
発行者　株式会社 近代消防社
　　　　三 井 栄 志
発行所　株式会社 近代消防社
　　〒105-0001 東京都港区虎ノ門二丁目9番16号（日本消防会館）
　　ＴＥＬ　東京（03）5962-8831（代）
　　ＦＡＸ　東京（03）5962-8835
　　ＵＲＬ　https：//www.ff-inc.co.jp
　　〈振替　東京00180-6-461　00180-5-1185〉

ISBN978-4-421-00995-8〈乱丁・落丁の場合は取り替えます。〉